BILL °

23 FEB 2002.

AGRADEZCO A DIOS EL HABER

ENCONTRADO UN AMIGO Y MAESTRO

"ASI".

CON RESPETO Y MUCHO AMOR.

ISABEL GARCÍA

MUDRAS
ESPIRITUALIDAD EN LAS MANOS

MUDRAS

*espiritualidad
en las manos*

ALBERTO MORALES

SERIE
ESOTERISMO
Y REALIDAD

46

Primera edición: 1995
Cuarta edición: 2001

Diseño de portada: María Garza
Fotografía: María Garza, Rosalío Vera

© Alberto Morales

D.R. © Editora y Distribuidora Yug, S. A.
Puebla 326-1, Col. Roma,
C.P. 06700, México, D. F.
Tels.: 55 53 55 31 y 55 53 55 35

Impreso y hecho en México

ISBN 968-6733-33-7

A la memoria de mi abuela
Ofelia Ángel,
cuyas manos me hicieron descubrir
la espiritualidad de dar.

ÍNDICE

I

LAS MANOS, INSTRUMENTO SAGRADO

1. CUERPO Y COSMOS

EL universo entero está saturado de la presencia de Dios. Cielo, tierra, océano, bosques, montañas, hombre... todo es sagrado. "Yo soy la semilla de todos los seres", dice el *Bhagavad Gita*. La creación es como un gran árbol: la semilla se convierte en tronco, ramas, hojas, flores, frutos, y cada fruto lleva dentro semillas de la misma naturaleza.

Una antigua historia de los Upanishads describe la forma en que el maestro revelaba a su discípulo la más alta verdad:

—Trae uno de los frutos del baniano.

—Aquí está.

—Ábrelo.

—Está abierto.

—¿Qué ves ahí?

—Pequeñísimas semillas.

—Ábrelas.

—Están abiertas.

—¿Qué ves en ellas?

—Nada.

—Hijo mío, eso esencial y sutil que no puedes percibir es lo que da existencia a este gran árbol de baniano, créelo. Eso, hijo mío, es la esencia de todo lo que existe. Eso es la verdad. Eso es el Sí Mismo, y tú, ¡oh Svetaketu!, eres eso.

La educación tradicional de la India revelaba la más profunda verdad en la sencillez grandiosa de la naturaleza. Los árboles, los animales, los ríos, el cielo, todo transmite al hombre un mensaje espiritual. La creación habla, es portadora de una clave. Con razón se dice que hasta las piedras cantan la gloria de Dios.

Para el hombre religioso, el cosmos, como la semilla de Svetaketu, está abierto; el hombre que está conciente de Dios reconoce la santidad de toda la creación y se sabe parte de ella. El Código de Emsing, antiguo manuscrito germano, dice: "Dios hizo al primer hombre de ocho transformaciones: su esqueleto de piedra; su carne de tierra; su sangre de agua; su corazón de viento; sus pensamientos de nubes; su sudor de rocío; los rizos de su pelo de hierba y sus ojos de sol". El cosmos está compuesto de la misma materia que el cuerpo, la única diferencia entre los dos es la escala.

Esta realidad cósmica de la vida y del cuerpo humano la experimentan los pueblos primitivos y las religiones de Oriente, en donde los mitos y rituales actualizaron el orden sagrado del mundo. Así, cuando se va a construir una casa se organiza alrededor de un centro que representa el eje del mundo; de igual forma, la columna vertebral se asemeja al pilar cósmico, el aliento se identifica con el viento, el ombligo o el corazón con el centro del mundo.

¿Estamos concientes, en nuestro tiempo, de que somos parte del universo y de que nuestro cuerpo es sagrado? Hemos privado a nuestro cuerpo de todo significado religioso y espiritual. Sin embargo, no somos sólo una masa de carne y huesos. Dice Jesús: "Vosotros sois la luz del mundo. No puede ocultarse una ciudad situada en la cima de un monte, ni tampoco se enciende una lámpara para colocarla debajo de un mueble, sino sobre el candelero, para que ilumine a todos los que están en la casa" (Mateo, 5, 14-15). Nuestra naturaleza innata es divina y el cuerpo es el monte que eleva a la ciudad o al candelero en el cual brilla esta naturaleza.

El cuerpo es el templo que el hombre lleva consigo y el mundo es el cuerpo de Dios. Cuerpo y cosmos son lo mismo, una situación existencial, un sistema de condicionamientos recíprocos y de ritmos que expresan lo inexpresable. Vivir acorde con esta verdad es experimentar que nuestra carne es tierra y nuestro cabello hierba del campo.

"Aun no he visto un sitio a la vez de peregrinación y beatitud comparable con mi cuerpo".   Saraha.

Cueva del Castillo, Santander, España. El poder mágico de las manos quedó impreso en estas huellas pintadas por el hombre de Cro-Magnon.

2. LAS MANOS DEL HOMBRE RELIGIOSO

Las manos son símbolo de humanidad. Desde las antiquísimas pinturas rupestres hasta los contemporáneos muros de las grandes urbes, las manos se expresan como sello personal del hombre. Desde un punto de vista antropológico, la flexibilidad de las manos para asir, moldear o romper es propia del humano, y por ello una de las características que distinguen a la especie humana es la facultad de elaborar utensilios, y la aparición de objetos de piedra hace aproximadamente 2.5 millones de años, marca el primer paso decisivo del desarrollo cultural humano.

El artesano humedece sus manos en el barro y crea vasijas, platos y figuras, cuya dignidad enriquece al hombre; el campesino fortalece sus manos en la jornada diaria que lo alimenta, el médico las utiliza con precisión para cortar, suturar y colaborar en el restablecimiento de la salud; el músico pulsa las cuerdas para producir armonía de sonidos, el ama de casa lava trastes, limpia muebles, sostiene y acaricia al niño con sus manos. La inteligencia interactúa con las manos al probar, manipular y transformar la materia para fines culturales. Las manos trabajan y se mueven en el espacio haciendo más bello este mundo.

Las manos dan y reciben, toman y sueltan; golpean, protegen, dañan, cuidan, saludan, despiden, previenen, exhortan, dirigen, jalan, destruyen, curan, reparan, dividen y unen. Las manos son los miembros más versátiles y expresivos del cuerpo. El hombre se relaciona con el mundo por medio de ellas al hacer gestos simbólicos que desempeñan tareas sociales y religiosas. Las manos son el instrumento más útil del hombre, pero no sólo para desenvolverse en el mundo material sino también para conocer el mundo del Espíritu.

En la oración, ese diálogo interno con la Divinidad, el hombre religioso usa sus manos para expresar su devoción. Budistas, hindúes y católicos juntan las manos con los dedos apuntando hacia arriba; este unir de palmas, delicado y suave, sirve de marco físico para saludar al iluminado, para cantar "Om, paz, paz, paz" o para

Todas las culturas del mundo han representado su reconocimiento del poder expresivo de las manos. Detalle del Códice Vindobonensis (cultura azteca).

La imposición de las manos de Jesús sobre las tinajas transformó esa agua en vino en las bodas de Caná. Este milagro que simboliza la transformación del hombre, la elevación de su conciencia, se realiza en una boda, cuando se logra la "unión espiritual". Ilustración de un manuscrito etíope de los Evangelios. Siglos I-II d.C.

15

dirigirnos, desde la intimidad de nuestra habitación cerrada, a nuestro Padre. Algunos cristianos protestantes prefieren unir las palmas entrelazando los dedos, como lo hacían los antiguos romanos y sumerios, en intensa manifestación de piedad. En las catacumbas del cristianismo primitivo, los fieles oraban extendiendo los brazos y las manos imitando la crucifixión.

Los musulmanes sostienen las manos frente al cuerpo con las palmas abiertas hacia arriba y elevan su oración pidiendo la ayuda de Alá; después de pronunciar la oración, se frotan el rostro con las manos. Es como si las manos recibieran la lluvia de la gracia que refresca la vida del devoto.

La idea de recibir la fuerza divina a través de las manos se manifiesta también entre los sioux, quienes levantan sus brazos con las palmas abiertas hacia una presencia sagrada para después bajarlas a la tierra. El creyente se transforma enseguida en el canal que conduce la energía trascendente para alimentar nuestro mundo. Muchas personas tocan los altares y santuarios con sus manos mientras oran por bendiciones; las manos del fiel declaran la búsqueda ansiosa de la ayuda de Dios.

En el rito hindú del *arathi,* la adoración con fuego, los fieles levantan sus manos hacia la llama de alcanfor. Las manos se mueven del cuerpo hacia la llama y viceversa, como si quisieran arrojar las cargas del hombre al fuego para que éste las consuma y se tomara de éste la luz y el calor, la fuerza divina.

En Egipto, el celebrante que oficiaba diariamente en nombre del faraón, abría la nave principal del templo, recitaba el canto matinal, tocaba la estatua que representaba a la divinidad para infundirle su alma (ba) y la contemplaba frente a frente. El ba egipcio es una manifestación de lo Divino, que relaciona el mundo invisible de lo sagrado con el mundo sensible del hombre y es signo de la interacción que existe entre ellos. Al tocar la estatua, el oficiante ejecutaba este principio de unión a través de sus manos.

En la relación del hombre con lo divino, las manos son las mediadoras, y por ello, lavarse las manos ha sido un símbolo ampliamente extendido de la pureza interna y un signo de pureza ritual.

16

En los misterios de Eleusis, que capacitaban al iniciado para alcanzar la vida eterna, todos los griegos podían participar, incluyendo esclavos y mujeres —tradicionalmente excluidos de ceremonias religiosas importantes—; el único requisito era tener las manos puras. El mismo motivo se expresa en el Salmo 24, que dice: "¿Quién subirá al monte de Yahvé? ¿Quién podrá estar en su recinto santo? El de manos limpias y puro corazón, el que a la vanidad no lleva su alma ni con engaño jura".

Limpias, humildes, silenciosas y profundamente elocuentes, las manos sirven al hombre para comunicarse con la Divinidad, para acercarse a ella y recibir sus dones. Las manos son lugar de encuentro entre el hombre y Dios, como en aquella hora en la cual Jesús dijo a Tomás: "Acerca aquí tu dedo y mira mis manos; trae tu mano y métela en mi costado, y no seas incrédulo sino creyente" (Juan, 20, 27).

3. LA FUERZA DE LAS MANOS

Saturadas de poder son las manos de quien ha convivido con los dioses, por eso los chamanes de algunos pueblos las usan para transmitir la salud. Éste es el sentido que se conserva en los milagros de algunos santos católicos o aun en las comunidades del Espíritu Santo contemporáneas, en las cuales la imposición de manos, acompañada de oraciones fervorosas, produce salud en el creyente.

El mismo Jesús curaba tocando con sus manos; al leproso que le dijo: "Si quieres puedes curarme", él lo tocó diciendo: "Quiero, quedas limpio"; a la suegra de Pedro, que estaba en cama agobiada por la fiebre, le tocó la mano y ese contacto bastó para que la mujer se levantara para atenderlos.

Este toque sagrado es, sin embargo, la manifestación física de una comunicación invisible, en la cual se cura lo interno. Dos ciegos seguían a Jesús gritando: "¡Ten piedad de nosotros, hijo de David!", cuando finalmente lo alcanzaron a la entrada de una casa, él se volvió para preguntarles: "¿Creen que puedo hacer eso?" La

Este retruécano del siglo XV muestra el papel de las manos en sellar un trato como representativas de la buerna voluntad ("La confianza basta").

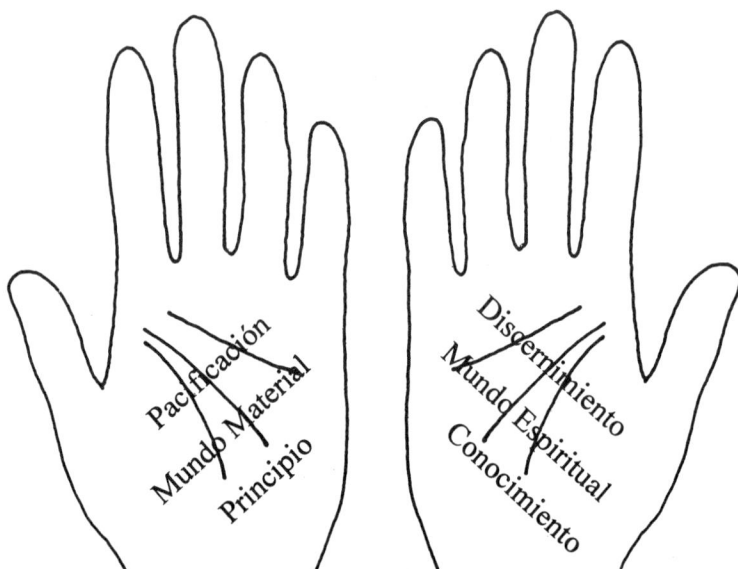

Las manos son un libro abierto para conocer el mundo del Espíritu.

respuesta de los ciegos fue un incondicional "sí, Señor", ante lo cual Jesús les tocó los ojos diciendo: "Hágase en ustedes según su fe", y se abrieron sus ojos (Mateo, 9, 27-30).

Este médico divino, con su tacto, renueva la vida espiritual del enfermo y entonces es capaz de curarlo en el plano físico. Es importante recordar que en los milagros de Jesús, ciegos, cojos, leprosos, etcétera, representan estados psicológicos en los cuales el hombre no puede avanzar en su desarrollo espiritual; los grandes iluminados, por la fuerza de su voluntad y debido a su infinita compasión por todos los seres, ayudan al hombre para que vea, ande, viva y realice la verdad.

Aún más, la fuerza de las manos curativas de Cristo se expresa en la capacidad de volver a la vida lo que está muerto. La fe del magistrado Jairo lo condujo hasta Jesús para postrarse a sus pies y decir: "Mi hija acaba de morir, pero ven, coloca tu mano en ella y vivirá". Jesús llegó hasta el lugar donde se celebraban los ritos de la difunta y, haciendo a un lado a todos los incrédulos que se burlaban de él, la tomó de la mano y la muchacha se incorporó (Mateo, 9, 18-25). La fe de Jairo no sólo consiste en creer en lo extraordinario, en lo milagroso, sino en la visión interior y la convicción de que existe una Verdad superior a la verdad de los sentidos, Verdad que es el aliento mismo de la vida.

Las manos sirven, pues, para curar y salvar, y ése es el papel de las manos de Moisés en el Mar Rojo. Cuando el pueblo israelita huía de Egipto recorriendo el camino de la esclavitud a la libertad, frente a ellos se cruzaba el mar, pero Yahvé se dirigió a Moisés para arengarlo: "¿Por qué sigues clamando a mí? Di a los israelitas que continúen la marcha. Y tú, alza tu cayado, extiende tu mano sobre el mar y divídelo, para que los israelitas entren enmedio del mar a pie enjuto" (Éxodo, 14, 15-16).

En las ordenaciones y otras formas de consagración, las manos desempeñan el papel de comunicar esa fuerza sagrada. Cuando se estableció el sacerdocio de Aarón entre el pueblo judío, Moisés derramó aceite sobre su cabeza y se sacrificaron un novillo y un carnero, a los que previamente se les impusieron las manos de Aarón y de sus hijos. Después estos animales se hicieron sagrados. Éste es el significado real de la palabra sacrificio y su sangre consagró el altar y a los nuevos sacerdotes (Levítico, 8).

En Egipto la entronización del faraón era un acontecimiento ritual y en él se reproducía la fundación del estado por el primer faraón. Durante la ceremonia se creía que los dioses imponían sus manos sobre la cabeza del nuevo faraón. Esta ceremonia se repetía a los treinta años del ascenso al trono para renovar la energía divina del soberano. La imposición de manos era, en este caso, símbolo del otorgamiento de dones divinos al gobernante, por lo cual el faraón era quien debía celebrar el culto, aunque en la práctica delegaba sus funciones y así, por ejemplo, en la ceremonia de fundación e inauguración de un templo, el faraón presidía la ceremonia y colocaba los cimientos (un ladrillo moldeado con sus manos o unos lingotes de oro) y consagraba el monumento alzando el brazo derecho.

Entre los católicos, el sacramento de la confirmación, que supone una renovación de las promesas del bautismo, se realiza justamente cuando el obispo invoca en la oración la abundancia del Espíritu Santo y de sus dones e impone sus manos en cada uno de los confirmados. El gesto de imponer las manos significa comunicar y transmitir el Espíritu de Dios con todos sus dones. Entre los bautistas, que acostumbran el segundo bautismo, toda la congregación extiende una "mano derecha de confraternidad" a los creyentes nuevamente bautizados. Entre los judíos, el sacerdote alza las manos sobre o hacia aquellos que serán bendecidos; así lo hizo Aarón al realizar su primer sacrificio (Levítico, 9).

Las manos también protegen del mal. En la cuenca mediterránea, una persona que se sienta amenazada por un daño oculto debe extender los dedos de la mano hacia su antagonista (visible o invisible) y decir "Cinco en el ojo". Este gesto se expresó a menudo en África del Norte por medio de un talismán en forma de mano. También se considera un poderoso signo protector el de los cuernos, un puño cerrado con el índice y el meñique extendidos, eficaz contra hechizos y personas dañinas. Cruzar el dedo medio por arriba del índice sirve para invocar la buena suerte. No podemos olvidar el signo de la cruz, que ha tenido múltiples usos, uno de los cuales es el de proteger de los demonios y otras fuerzas malignas.

En el Islam, que evita las representaciones de Dios, se cuenta con un talismán llamado mano de Fátima, un importante símbolo antropomórfico de protección divina. Dependiendo de si pertenecen a la secta sunnita o a la chiíta, los musulmanes consideran que esta mano representa los cinco pilares del Islam (profesión de fe, oración ritual, caridad, ayuno y peregrinación) o bien los cinco personajes santos (Mahoma, Fátima, Alí, Hassan y Husayn).

4. DERECHA E IZQUIERDA

El signo de la cruz es una bendición central en el cristianismo. La mano extendida cruza el cuerpo de la frente al pecho y después de un hombro a otro hombro; simbólicamente se imprime en el cuerpo la señal de la cruz para protegerlo y hacerlo sagrado. Este signo tiene una ligera variante entre católicos y ortodoxos: los primeros mueven la mano del hombro izquierdo al derecho y los últimos del derecho al izquierdo.

Al momento de su muerte, Israel extendió sus manos sobre los hijos de José y dijo: "El Dios en cuya presencia anduvieron mis padres Abraham e Isaac, el Dios que ha sido mi pastor desde que existo hasta el presente día, el ángel que me ha rescatado de todo mal bendiga a estos muchachos" (Génesis 13-16). Pero es importante destacar que en este pasaje se reitera el tema bíblico de que el menor es el más grande, pues Israel cruzó sus manos colocando la mano derecha sobre Efraín, el menor, y la izquierda sobre Manasés, el mayor. José trató de evitarlo y le dijo a su padre: "Así no, padre mío, que éste es el primogénito; pon tu diestra sobre su cabeza". Israel, conciente del cambio de manos, le explica a José que ambos serán grandes pero Efraín, el más pequeño, estaría delante de Manasés.

En el folclor de algunos pueblos orientales la izquierda se considera sucia, y llevar a cabo una labor o guardar algo con esa mano se considera inapropiado. Una de las razones es que la mano izquierda está reservada para tareas como la limpieza en el excusado. En regiones predominantemente musulmanas, en Malasia e Indonesia, la mano derecha se usa para saludar, dar o recibir objetos y tocar a otros; se considera en extremo descortés y desfavorable usar la izquierda para cualquiera de estas funciones. Al comer, especialmente si se hace en un plato común, debe usarse la derecha.

El Corán (LXIX, 19) dice que el día de la resurrección Alá dará a cada persona un libro, recuento de sus acciones. Si el libro lo coloca en la mano derecha es signo de salvación y si lo pone en la izquierda indica condena. El Salmo 110 se inicia con una deferencia de Yahvé a David: "Siéntate a mi diestra hasta que yo haga de tus enemigos el estrado de tus pies". Por su parte, Jesús describe el juicio del final de los tiempos como si fuera un pastor que separa las ovejas de los cabritos: "Pondrá las ovejas a su derecha, y los cabritos a su izquierda. Entonces dirá el Rey a los de su derecha: «Venid, benditos de mi Padre, recibid la herencia del reino preparado para vosotros desde la creación del mundo»" (Mateo, 25, 31-34). En el credo católico se menciona precisamente que Jesús está sentado a la derecha del Padre.

En muchas culturas se considera que el lado izquierdo es inherentemente inferior al derecho. El predominio de la derecha entre todos los pueblos es muy conocido, y aun cuando la preferencia natural de un niño sea usar la izquierda, se le capacita para usar la derecha. El carácter particular de las manos se conserva aún en las connotaciones de las palabras diestro y siniestro.

Es un tema recurrente en las diversas tradiciones religiosas la diferencia entre la derecha y la izquierda. Esto supone una organización del espacio, en la cual cada punto cardinal desempeña un papel distinto y tiene su valor propio, así como una anatomía sagrada, en la cual cada parte del cuerpo refleja una manifestación distinta de lo divino. Una de las primeras experiencias del hombre fue, precisamente, la de orientarse en el mundo y en sí mismo.

Erguido sobre su propia columna, el hombre puede organizar el especio conforme a una estructura: cuatro direcciones horizontales proyectadas desde un eje central de arriba abajo. En torno al cuerpo humano el espacio se organiza: delante, detrás, derecha, izquierda, arriba y abajo.

En el mundo cotidiano y en los primeros pasos del camino espiritual es conveniente que el hombre se oriente, no puede dejar de ver bien y mal, falso y verdadero, derecha e izquierda. Jesús advertía respecto a ello: "Cuidad de no practicar vuestra justicia delante de los hombres para ser visto por ellos; de lo contrario no tendréis recompensa de vuestro Padre celestial. Por lo tanto, cuando hagas limosna, no lo vayas divulgando por las calles como hacen los hipócritas en las sinagogas, con el fin de ser honrados por los hombres; en verdad os digo que ya reciben su paga. Tú en cambio, cuando hagas limosna, que no sepa tu mano izquierda lo que hace tu derecha; así, tu limosna quedará en secreto; y tu Padre, que ve en lo secreto, te recompensará" (Mateo, 6, 1-4). En esta exhortación de Jesús, la mano derecha parece sólo indicar una mano caritativa, pero diversas interpretaciones de este pasaje por la teología y las tradiciones esotéricas le conceden un valor más profundo. La mano derecha representa lo elevado del hombre, es el nivel en el cual se encuentran el hombre y el Padre, mientras que la mano izquierda es lo inferior en el ser humano, el nivel mundano en el cual el hombre realiza sus actos con egoísmo. Jesús exige que se practique una justicia superior, en la cual se haga el bien por el bien mismo.

Sin embargo, es importante considerar que la constitución de este universo es precisamente su dualidad; pero esta organización que el hombre estableció es sólo eso: un modelo del cosmos, no el cosmos mismo, el cual existe como unidad. Al decir de Heráclito: "El camino hacia arriba y el camino hacia abajo son el mismo". Y es que el bien presupone el mal, el volumen exige la presencia de un espacio, la luz se expande enmedio de la oscuridad; Lao Tsé lo expresa al afirmar que "Ser y no ser surgen simultáneamente".

5. MANOS DIVINAS

En la representación antropomórfica de Dios, éste tiene sus propias manos y le sirven, como al hombre, para expresar realidades trascendentes y para actuar en el mundo. El Corán (LXVII, 1) presenta las manos de Alá otorgando gracia y bendición, así como ejerciendo poder sobre todas las cosas. En la Biblia se presenta a Yahvé como alfarero y jardinero, formando al hombre con polvo del suelo y plantando árboles frutales en el Edén. El Salmo 8 canta la grandeza de la creación al decir: "Al ver tu cielo, hechura de tus dedos, la luna y las estrellas, que fijaste tú, ¿qué es el hombre para que de él te acuerdes...?" La misma creación manifiesta la majestad divina: "Los cielos reflejan la gloria de Dios, la obra de sus manos anuncia el firmamento" (Salmo 19).

La mano también es símbolo del poder y la guía de Dios. Éste es el sentido del Salmo 9, en donde el inocente, presa de los malvados, se dirige a Dios pidiendo ayuda: "¡Levántate, Yahvé, alza tu mano, oh Dios!", y es que entre los judíos las manos de Dios son símbolo de justicia: "Tu mano alcanzará a todos tus enemigos, tu diestra llegará a los que te odian" (Salmo 21); pero también otorgan salvación: "Él extiende su mano desde lo alto para asirme, para rescatarme de las profundas aguas" (Salmo 18). Las manos de Dios son el descanso eterno del hombre, como lo dice el salmista y como lo repitió Jesús en el último momento de su pasión: "En tus manos mi espíritu encomiendo, tú, Yahvé, me rescatas" (Salmo 31).

En la iconografía hindú algunas deidades, principalmente Shiva Nataraja, se representan con múltiples manos y brazos, simbolizando su omnipotencia. Este significado se enriquece por el simbolismo preciso de los dedos, palmas y posiciones de cada una de las manos. De acuerdo con la tradición hindú, fue la palabra, como en el judaísmo, el cristianismo y el Islam, el núcleo de la creación; sin embargo, las representaciones de Shiva conceden a las manos y brazos una gran importancia en la creación y conservación del cosmos.

Representación de Cristo como gobernante universal (relieve medieval).

Gurú Nanak, fundador de la religión sikh. La bendición del maestro espiritual se indica con el abhayamudra *que muestra la protección de la luz divina*

En el *Bhagavad Gita,* Arjuna experimenta una revelación de la Suprema Forma Divina y en ella los brazos y manos del Señor, múltiples como sus rostros, se manifiestan en todo el universo. Arjuna tuvo la experiencia de la multiplicidad y la unidad, galaxias y océanos, montañas y hormigas, hombres y brisa, todo sostenido en las manos de Krishna.

El más popular de los dioses de la India, Sri Ganesha, posee cuatro brazos que representan los cuatro instrumentos internos. En una mano lleva una cuerda, en otra un hacha, con la que corta los apegos de sus devotos al mundo transitorio y así pone fin a todos los sufrimientos que se derivan de él, y con la cuerda los jala cada vez más hacia la verdad y los ata a la meta suprema. En la tercera mano Ganesha sostiene bolas de arroz dulce que indican la recompensa de alegría que otorgan a los devotos las prácticas espirituales. Finalmente, con la otra mano bendice a todos sus devotos y los protege de todos los obstáculos en su sendero espiritual.

La mano levantada con la palma hacia el espectador que muestra Ganesha para bendecir recuerda las representaciones medievales de Cristo como legislador cósmico, en las cuales aparece con la mano derecha levantada, la palma hacia adelante, en un gesto de bendición y paz. Imágenes de Buda acostumbran tener esa misma posición, cuyo significado es "no temas".

Dios tiene sus propias manos y en ellas se expresan su poder, majestad, belleza y amor. El hombre, ansioso por trascender sus limitaciones, por igualarse a Dios, las imita y descubre en sus manos un rico tesoro espiritual. En realidad, la naturaleza innata del hombre es divina, sólo debe descubrirla y experimentarla; pero en la búsqueda de sí mismo, de la paz o de la felicidad, el hombre busca en lo exterior y no encuentra nada. La oruga, impulsada por su propia naturaleza, no anda los caminos del mundo, sino se repliega sobre sí misma hasta transformarse en mariposa, lo que realmente es. El hombre no tiene que ir muy lejos; en sus propias manos, en su interior, se encuentra el reino de los cielos.

En el himno egipcio a Khnum se enumera todo lo que la Divinidad formó en el hombre y se menciona la función que otorgó a cada uno de sus miembros y órganos. Uno de los versos en bellísimo paralelismo poético dice: "Las manos con sus dedos para cumplir su labor, el corazón para servir de guía".

En este contexto, los gestos rituales de las manos desempeñan un papel muy valioso, y de éstos los más elaborados en la historia de la religión son los hindúes y budistas, conocidos como mudras. Los mudras, como un lenguaje sagrado, son extensamente utilizados en el ritual, danza, drama e iconografía del sur y sureste de Asia. Éste es el tema concreto de esta obra, aproximarnos al significado de las manos según la tradición del hinduismo y el budismo, descubrir el importante papel que desempeñan en la meditación, en las ceremonias, en el contacto entre los hombres y Dios.

Los mudras son la llave para controlar fuerzas cósmicas. La mano es una especie de universo en miniatura, representando un completo sistema cosmogónico con su propio vocabulario. Intentaremos descifrar parte de este lenguaje. Tenemos la llave del cofre interno en nuestras manos, que ellas lleven a cabo su labor y el corazón sirva de guía.

Los mudras constituyen un lenguaje simbólico, un mapa para el camino del Espíritu, una llave para abrir la puerta del universo de lo sagrado, una herramienta poderosa para manejar las fuerzas sutiles; pero, sobre todo, son el sello que confirma la unidad esencial entre el hombre y la divinidad.

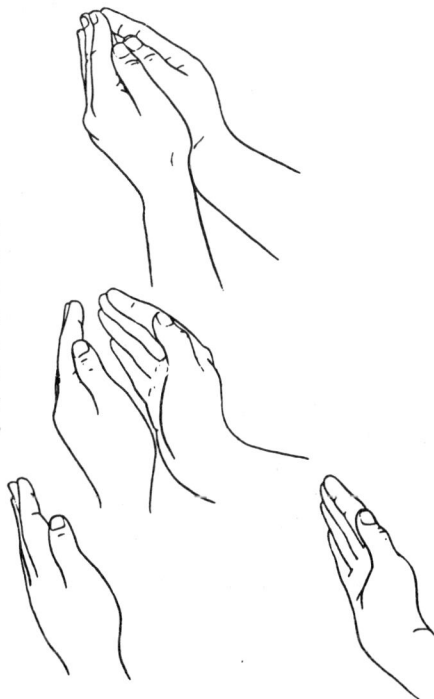

27

Ilustración de un libro sacro alemán del año 967. Cristo aparece con la mano derecha ejecutando un mudra.

II

SIGNIFICADO
DE LOS MUDRAS

1. DEFINICIÓN

AS manos del bailarín en la danza tradicional hindú evolucionan de una forma a otra realizando múltiples gestos. El erudito védico repite de memoria sus lecciones haciendo de sus manos un código que lo ayuda a recordar las palabras, así como a acentuar el discurso. El yogui acomoda su cuerpo en una posición estable, coloca sus manos en forma apropiada y dirige su conciencia hacia el interior. El sacerdote budista ejecuta el ritual con rápidos y casi imperceptibles movimientos de sus manos. En las esculturas y pinturas de Buda y de los dioses de la India, las manos se han dispuesto en determinada forma para subrayar el mensaje espiritual de la imagen. En todos estos casos la disposición de las palmas, la combinación de la izquierda y la derecha, la posición de los dedos, forman signos llamados mudras.

Las interpretaciones que se han hecho del término mudra son muy variadas y revelan su riqueza. Según Hommel, la palabra mudra deriva del asirio musaru, expresión que designaba un sello usado en la escritura. La palabra musaru evolucionaría, a través del persa antiguo, con el cambio de la z a la d:

musaru ————⟩ *muzra* ————⟩ *mudra*

Pero muchos investigadores consideran demasiado hipotética esta reconstrucción del origen del vocablo sánscrito mudra.

Lo cierto es que en la literatura postvédica de la India aparece, desde un periodo temprano, la palabra mudra para designar la idea de sello o huella dejada por un sello. De esta idea derivan varios significados:

1. Marca, en un sentido general, o en el particular, marca dejada por un sello.

2. Anillo, es decir un anillo que lleva un sello.

3. Pasaporte, un documento oficial sellado.

4. Signo, puesto que un sello representa algo.

5. Monedas, transformando el sentido del sello mismo porque está sellado. Ciertos dialectos de la India aún consevan este significado.

En las ceremonias rituales, la palabra mudra designa la "forma de sostener los dedos", aludiendo precisamente al gesto ritual que es un signo. Tal explicación de un fenómeno complejo como el de los mudras no es suficiente, por ello los investigadores han recurrido a múltiples definiciones. Rao dice que el mudra es una "pose de la mano adoptada durante la meditación". Bukkyo Daijiten dice que son "la estructuración de diversas formas con los dedos".

Sin embargo, los mudras no sólo son una posición de la mano, van más allá y constituyen un lenguaje. Woodwar lo expresa diciendo que los mudras son "signos con los dedos". Beal, por su parte, los considera un recurso que apoya el lenguaje verbal: "Una cierta manipulación de los dedos, como si fueran un complemento del poder de las palabras". Soothill dice que son "signos manuales que sugieren varias ideas" y Coomaraswamy los llama "un signo de lenguaje establecido y convencional".

Las definiciones que se han establecido no agotan el sentido completo de los mudras. Como se ha mencionado, la idea original contenida en la palabra es la de sello, en este sentido, los mudras son la pose de una mano que sirve como sello o firma para identificar a una fuerza divina o para sellar, en el sentido esotérico, las fórmulas orales del rito.

Los mudras constituyen un lenguaje y el hombre preparado puede leer el mensaje transmitido por ellos; y esta lectura permite descubrir el poder de estos gestos, de ahí que Eitel considere a los mudras "un sistema de gesticulación mágica que consiste en disponer los dedos de manera que imiten antiguos caracteres sánscritos de supuesto efecto mágico". Comentaremos más adelante la relación de estos gestos simbólicos con el sánscrito, por lo pronto es importante resaltar que se considera que tienen un poder, éste se manifiesta en el control de fuerzas sutiles, no activas en el plano material, sino que remueven obstáculos al aspirante espiritual.

La pose ritual que se forma con los dedos es una especie de signo mágico que garantiza la autenticidad y eficacia de los ritos. Así como un sello garantiza la legitimidad de los documentos, los mudras, en un nivel religioso y místico, eliminan cualquier posibilidad de error. En el budismo esotérico, hacer un mudra es reconocer la veracidad de la doctrina, así como el poder y la energía del ritual mágico. El mudra, cuyo valor lo determina la doctrina, es útil para fijar la fuerza del rito.

Son ademanes de poder espiritual cuyo simbolismo encierra una clave que permite a quien los ejecuta ponerse en contacto con Dios o adecuar su existencia con los ritos cósmicos. En el texto budista *Si-do-in-dzou,* a los mudras se les llama "gesto místico" y Getty los considera "una pose mística de la mano o manos". En realidad el mudra, como un sello, es el signo de un pacto, de un contrato solemne entre hombre que los realiza y el mundo de la Divinidad, permitiéndole integrarse a este mundo.

Así, según ciertas sectas budistas, quien realiza el mudra alcanza un estado de concentración que permite la fusión de Buda y el Sí mismo. En forma más específica, se dice que por medio del mudra llamado *Thatagata* el devoto se consagra asimilando dentro de su cuerpo el mundo de la esencia. De esta forma, el mudra establece un vínculo entre el adepto y la Divinidad; por lo tanto, el gesto viene a ser el símbolo del "Mundo de Buda" o "Mundo de la Esencia".

Los mudras son ademanes saturados de significación y poder. Constituyen un lenguaje simbólico, un mapa para el camino del espíritu, una llave para abrir la puerta del universo de lo sagrado, una herramienta poderosa para controlar las fuerzas sutiles; pero, sobre todo, los mudras son el sello que confirma la unidad esencial entre el hombre y la Divinidad.

2. ORIGEN

Desde tiempo inmemorial el hombre ha usado sus manos para ritos mágicos y religiosos. Ya mencionamos que desde la prehistoria las manos expresan al hombre. En las pinturas rupestres de Europa, África y América suelen aparecer manos, generalmente pintadas en ocre, e incluso en negativo; los investigadores coinciden en atribuir a esas manos un valor mágico. Mas la utilización de las manos dentro de un complejo simbolismo, en elaboradas posiciones llamadas mudras, se origina en la India.

Los primeros centros urbanos de la India aparecieron alrededor del año 2500 a.C. cerca del valle formado por el río Indo, en el noroeste. Allí los arqueólogos han excavado cerca de cien ciudades entre las cuales destacan Harappa y Mohenjo-Daro, y en ellas encontramos los primeros vestigios de los mudras.

Entre los objetos más numerosos descubiertos en estas ciudades del Indo destacan los sellos. El sello usual era cuadrado con lados de 2 a 3 cm y una protuberancia perforada en el reverso para sostenerlo o colgarlo. Grabados en estos sellos observamos dibujos, algunos de los cuales son verdaderas obras maestras. El tema preferido son los animales: elefantes, tigres, rinocerontes, antílopes, cocodrilos; el cebú aparece majestuosamente reproducido, así como un bóvido de un solo cuerno. A veces aparecen figuras humanas; sin embargo, la calidad de las figuras zoomorfas es superior a la de las antropomorfas. Estos sellos también llevan una breve inscripción en escritura pictórica que, infortunadamente, aún no se ha logrado descifrar.

En uno de estos sellos cerámicos aparece una figura humana realizando el *añjalimudra* el cual, por lo tanto, es quizá el más antiguo de todos los mudras. *Añjali* significa dos palmas y el mudra consiste en las manos abiertas colocadas palma con palma y ligeramente ahuecadas, sostenidas cerca del pecho. Es la pose que indica, en la tradición popular de la India, un saludo respetuoso y adoración. Una variante es el *namaskaramudra* (mudra del saludo) que es idéntico al *añjalimudra* pero se añade el movimiento de las manos hacia la frente y a veces se combina con una postración.

34

Las palmas unidas del primer mudra registrado en la India también son comunes en el arte religioso de Mesopotamia y algunos países mediterráneos, por lo cual los investigadores dudan que su origen se encuentre en la India. Sin embargo, es indudable que en la India adquirió una importancia sin precedentes, a tal grado que es la forma de saludo más común y reverente en este país, aun en la actualidad. La vida social implica múltiples relaciones humanas y un símbolo del vínculo interno que existe entre los hombres es el *añjalimudra,* mediante el cual el hombre toma conciencia de la divinidad de los otros hombres.

Pero es difícil saber el papel de estas posiciones y lo que significaban en la prehistoria de la India. Tenemos más información de las primeras formas del uso de las manos en los rituales védicos; incluso algunos investigadores creen que el origen de los mudras se encuentra en los diseños mnemotécnicos de los dedos, llamados *samahasta,* utilizados por los recitadores védicos para recordar el acento y ritmo de los cantos sagrados: el pulgar cuenta las falanges de los dedos, que representan notas, tiempo y acciones colaterales.

Los *samahasta* sirven como claves para ayudar a recordar el orden del ceremonial; asimismo, evocan una idea en la mente, simbolizan ciertos poderes o deidades o enfatizan la importancia del texto. La secuencia de estas posturas rituales de las manos debió de contribuir a desarrollar los mudras en la danza.

En la danza tradicional hindú el cuerpo constituye un instrumento para comunicar un mensaje. En la India, al igual que en otras culturas, la danza no es simplemente el movimiento corporal acorde con un ritmo musical, sino un ritual en el cual el conocedor puede leer una enseñanza espiritual. En tal contexto, la posición de las manos cumple un papel muy importante, pues éstas hablan al espectador con la elocuencia de un movimiento codificado.

El origen histórico de los mudras se encuentra, por lo tanto, en el ritual védico y en la danza, pero esto dice poco a quienes buscan el origen esencial de las cosas. De acuerdo con Taganoo Shoun, los mudras rituales e iconográficos derivaron de gestos naturales que representaban acciones cotidianas; así por ejemplo, levantar la mano para tranquilizar a alguien o extender el brazo para ofrecer un regalo. Esta teoría naturalista puede explicar la sencillez de algunos mudras que son profundamente expresivos.

También se considera que los mudras se inspiraron en la forma de la letra inicial de un mantra. Esto nos explica la relación que tiene el sonido místico con el gesto místico. El sánscrito utilizado por los antiguos sabios para expresar sus profundas vivencias espirituales también se puede manifestar en una posición manual a la manera del lenguaje de los sordomudos y deviene un apoyo a la fórmula oral, garantizando su efectividad.

El monje budista Vajra, en su comentario al *Tantrarthavatara,* analiza las ideas budistas acerca del origen de los mudras. Hay quienes afirman que emanan de los signos de la ley, mientras otros aseveran que provienen de los grandes signos. Los signos no pueden dar origen a signos, concluye Vajra. Los signos son efectos, no causas: "Su causa está en el corazón *bodhi".*

Los mudras emanan del ser interno iluminado, tienen un origen divino y son un medio para restablecer el contacto con nuestro verdadero centro, que es luz. Cuando un practicante del camino espiritual forma con sus manos un mudra enraizado en la tradición religiosa, recrea una experiencia vivida por múltiples aspirantes espirituales, que ya usaron su cuerpo para realizar la Divinidad; cada dedo, cada torsión o movimiento de la mano es un símbolo poderoso que la experiencia ha demostrado que es útil para armonizar el cuerpo con los ciclos cósmicos y pacificar la mente, además, es el signo de la unión del individuo con la Divinidad.

3. MUDRAS EN EL HINDUISMO

En el hinduismo el término mudra se aplica al conjunto de posiciones de diversas partes del cuerpo representadas en la danza ritual, el simbolismo oculto y la escultura. Los mudras, como dijimos, parecen tener sus raíces en el ritual védico, en el cual desempeñan la función de recordar el texto y los actos de la ceremonia. Aún más, en el sánscrito de los *Vedas* los dedos tienen asignado un simbolismo preciso; así, por ejemplo, el pulgar se asocia al *lingam*, símbolo grandioso de la creación y forma sagrada que representa Lo Sin Forma.

En el apartado anterior comentamos también la importancia de la danza hindú en el desarrollo de los mudras como lenguaje espiritual. Según la mitología hindú, fue Brahma quien creó y transmitió a los hombres el arte de la danza. Brahma, quien conoce la esencia de toda materia, sentado en postura yóguica, trajo a su mente los Cuatro Vedas y pensó en crear el Quinto Veda, al que llamaría *Natya* (drama, teatro). Este Quinto Veda otorgaría virtud, bienestar y fama, combinando el relato épico con una concisa instrucción acerca de los actos mundanos y el significado de cada escritura sagrada. Así fue como Brahma formó el Natya Veda de algunas partes de los Cuatro Vedas. Del Rig Veda tomó las palabras; del Sama Veda el canto, del Yajur Veda el gesto y del Atharva Veda el sabor.

La importancia del gesto ritual queda de manifiesto en el testimonio tradicional. El gesto dramático de la danza proviene de uno de los Vedas. "Los Vedas son infinitos". Sin embargo, los sabios han sido capaces de capturar sólo algunos mantras del océano ilimitado de los Vedas. Los eruditos védicos afirman que éstos son suficientes para nuestra felicidad y salvación, así como para lograr el bienestar universal.

La palabra *yajur* se deriva de la raíz *yaj*, que significa adoración. La palabra *yajna* (adoración sacrificial) deriva de la misma raíz. Acorde con su nombre, el papel del Yajur Veda es dar a los mantras que aparecen en el Rig Veda la forma práctica de un sacrificio o *yajna*. El Yajur Veda tiene siete secciones llamadas *Aranjakas* o textos del bosque, aludiendo a disciplinas y ejercicios espirituales que sólo pueden practicarse en el aislamiento y el silencio del bosque. El hombre puede experimentar la grandeza de la Divinidad en la forma de sonido (mantras) cuando ha logrado romper sus apegos con el mundo exterior, es decir, cuando está en el bosque; pero no olvidemos que estar en el bosque es un estado mental de desapego de lo mundano, más que aislarse en una ermita. El Yajur Veda nos refiere, pues, al sacrificio que es entrega, que es romper con los lazos que nos atan al mundo de lo transitorio para unirnos con la Divinidad.

Es importante mencionar que Brahman extrajo los gestos para la danza de este Veda de los Ritos. El sacrificio no es sólo un medio para agradar a los dioses sino una forma de entrega a la Divinidad, es símbolo de la unión entre el hombre y Dios; de esta esencia derivan las posiciones de las manos y del cuerpo.

La danza en su origen primitivo es un rito espontáneo y de éste derivó el uso del gesto para expresar una idea religiosa. El ritualismo posterior absorbió el gesto clasificándolo, jerarquizándolo y otorgándole un significado preciso. Desde el periodo védico (alrededor de 2000 a.C.) la danza ofreció un repertorio de ademanes que se fue estilizando hasta retomar un mensaje de gran profundidad espiritual. La posición de las manos es, desde tiempos remotos, un recurso expresivo que apoya a la palabra o el canto.

Más allá de la danza, los mudras se expresan en las prácticas ascéticas y meditativas del yoga. En los Upanishads se usa el término *yoga* designando a la disciplina mental que debe mantenerse firmemente durante los ejercicios espirituales; pero después extiende su significado a la idea de la unión entre el alma individual y el Ser absoluto. En el proceso de esta unión los mudras desempeñan una importante función.

Existen múltiples formas del yoga, pero en el tratado clásico de Patañjali se define al yoga como "la supresión de los estados de conciencia" y se considera que está compuesto de ocho miembros, el tercero de los cuales es *asana,* las posturas del cuerpo, en donde podemos incluir los gestos de las manos.

Asana es una posición que Patañjali define como "estable y agradable". Su significado estriba en proporcionar al cuerpo un equilibrio que facilita la concentración. La perfección de un *asana* conlleva la desaparición del esfuerzo para que la mente pueda identificarse con lo infinito. Como un reflejo de la armonía alcanzada por el *asana* las manos, síntesis del cuerpo, toman también posiciones específicas acordes con el simbolismo particular de toda la disposición del organismo. Los mudras sellan el movimiento corporal adecuando lo físico a un arquetipo, logrando el objetivo fundamental del *asana:* superar la condición humana.

En los textos postupanishádicos, especialmente en los Puranas (siglos III-VII d.c.), escritos cuando el budismo ya estaba en decadencia en la India, aparecen de nuevo los mudras. Aquí, la palabra mudra adquiere el significado de sello; se mencionan los nombres y se describen algunos mudras explicando sus efectos.

Los Puranas no son un tratado exhaustivo, ni mucho menos uniforme, de los mudras. El Brahma Purana menciona ocho: *padma* (loto), *sankha* (caracol), *srivatsa* (auspicioso), *gada* (maza), *garuda* (águila), *chakra* (disco), *khadga* (espada) y *sarnga* (arco). Sin embargo, el Bhav Purana sólo menciona cinco, de los cuales sólo se repite el *padmamudra.* Aquí se precisa que los mudras son efectivos para el éxito de todas las acciones; son un sello auspicioso para ofrecer las acciones a Dios.

En las epopeyas que alimentan la religiosidad popular de la India, el *Mahabharata* y el *Ramayana,* las encarnaciones de Dios que las protagonizan aparecen protegiendo y guiando al hombre con sus manos. En el *Bhagavad Gita,* corazón espiritual del *Mahabharata,* Krishna dice a Arjuna: "Con el alma serena y sin temor, constante en tu deseo de guardar la vía de la castidad, el intelecto firme y pensando sin cesar en mí, debes practicar el yoga tomándome como fin supremo" *(Bhagavad Gita,* VI, 14-15). La técnica del yoga que incluye las posiciones del cuerpo, tiene como objetivo principal la unión mística con un Dios personal. Este dios personal, Krishna, levanta su mano en el *abhayamudra,* que aleja todo temor, cuando se revela plenamente al guerrero Arjuna.

Lakshmana, el hermano fiel de Rama, quien lo acompañó en su exilio por la selva, se preocupaba por comprender hasta el más mínimo gesto de su señor y hermano. Así, se cuenta que cuando un demonio amenazaba la seguridad de Sita, bastó que Rama levantara la mano hacia el cielo para que Lakshmana entendiera su alusión al éter, de éste al sonido y comprendiera que debía cortar las orejas de quien los agredía.

Asana. *Es el dominio del cuerpo que sólo alcanzamos mediante la pureza física y moral. Es la firmeza del marco físico y gozo interno que florece en el corazón.*

Todo gesto del Señor es significativo, sus manos levantadas son un mudra de protección y seguridad que conforta al devoto y da firmeza a sus pasos en su camino hacia la realización. Las manos de los dioses del hinduismo son un lazo entre ellos y sus devotos, un lenguaje silencioso y lleno de fuerza llamado mudras.

4. MUDRAS EN LA DANZA TRADICIONAL HINDÚ

Angika es el nombre que designa las posiciones corporales o estados del cuerpo que consisten en un orden recíproco de las diversas partes del cuerpo (manos, cara, piernas, brazos, etcétera) y desempeñan un papel primordial en la danza, el drama y el simbolismo escultórico, así como en el ritual y la meditación.

En realidad, todas las variedades de *angika* se constituyen como un patrón corporal "de origen tradicional"; son una postura arquetípica de profundo significado oculto. No es sólo una postura que ilustra y enfatiza el significado del ritual ni es un movimiento dancístico o una pose meditativa; ni mucho menos un simple rasgo que da significado a una imagen escultórica. Las posturas corporales que reciben el nombre de *angika* tienen un carácter espiritual, suponen un arte mágico, con el cual las fuerzas invisibles del universo pueden controlarse en nuestro nivel terrestre.

En realidad, cuando adoptamos alguna posición o hacemos un gesto éstos se "sellan" en el éter, así como el sonido que envía una corriente continua de vibraciones que se imprimen en la atmósfera. Por este motivo es necesario que, de forma deliberada, restauremos nuestro cuerpo para que el sistema fisiológico se armonice con las fuerzas cósmicas. Así, nuestro cuerpo podrá transformarse en un microcosmos a través del cual el hombre comprenderá el macrocosmos.

Esto se expresa en forma artística en la danza tradicional hindú, que busca la armonía entre la música y el movimiento corporal. En la danza, *angika* está integrada por varios elementos: posturas *(sthana),* virajes *(bhaga),* posiciones detenidas *(asanas),* posiciones yacentes *(sayana),* gestos de las manos *(mudras),* expresiones faciales *(abhinaya),* pasos *(gati)* y la composición representada *(karana).* Cada elemento del *angika* es como una especie de letra, de tal forma que los gestos, movimientos y expresiones faciales pueden ser leídos como versos.

El intérprete sigue una secuencia de gestos cuya interpretación es familiar al espectador. Los gestos adquieren significado cuando los movimientos correlativos de la composición dancística sugieren una frase particular y pueden entenderse en el contexto. Imaginemos que la mano asume la forma de un capullo, el capullo abrirá uno a uno sus pétalos, los ojos del bailarín se animarán sugestivamente como si se fascinaran con su belleza, entonces olerá el perfume, la otra mano —como una abeja— dará vueltas sobre la flor, descenderá y chupará la miel.

Este carácter literario de la danza hindú le permite ser portadora de un mensaje tradicional y no un simple conjunto de movimientos que acompañan a la música.

Los mudras de la danza fueron retomados de posiciones convencionales de la práctica meditativa y del ritual. Algunos de estos mudras se fijan en el espacio, pero la mayoría de los mudras de la danza son fluidos y cambiantes.

Los *hastamudras* de la danza clásica incluyen el gesto de los dedos y palmas, así como las muñecas, los hombros y los codos, a los que se atribuyen más de quinientos significados básicos y, obviamente, es casi imposible para el espectador conocer el significado de todos ellos.

Se consideran 32 posiciones de las manos, 12 movimientos, 24 posiciones combinadas y un sinfín de variaciones menores (la tradición considera que son más de 88 millones), de las cuales cerca de un millar se describen en los manuales.

Uno de los mudras más conocidos es el *pataka* (bandera), que se forma con la palma levantada y abierta con dirección al espectador, las yemas de los dedos juntas, el pulgar ligeramente curvado hacia dentro tocando la parte inferior del índice. Simboliza una flor, un niño, un bosque, la noche; de este mudra surgen múltiples variantes: "Cuando el dedo anular se curva hacia adelante se le llama *tripataka* y simboliza coito; pero cuando el *tripataka* muestra las yemas del pulgar y el anular tocándose se llama *vajapataka* y simboliza el rayo, un arco, un árbol; cuando el anular y el meñique están ahuecados el gesto se llama *ardhapataka* y representa un puñal, daño, una torre de templo, la ribera del río; y cuando la mano ligeramente ahuecada se vuelve hacia arriba (a veces con el pulgar extendido en ángulo recto a la palma) el gesto se conoce como *ardacandra* y significa una lanza, una oración, un saludo, la media luna, un hacha de guerra. Cuando el índice y el anular se curvan la posición se conoce como el picoteo del loro, *sukatunda,* y representa el tiro de arco, despedida, misterio, ferocidad. Si el meñique está encorvado el gesto se llama *trisula* y simboliza tres objetos juntos, una hoja o el deseo de unión sexual. Cuando el índice se ahueca el gesto se llama *arala* y representaa un pájaro, vituperio o bebida envenenada.

Si el gesto del *pataka* cuelga suelto en ángulo recto a la muñeca, se llama *lola,* intranquilo, y si este gesto se muestra con el brazo extendido de frente o de lado se convierte en *gaja,* elefante. Cuando la mano derecha se alza como si fuese a golpear, se convierte en *chapetadana,* dar una bofetada, que significa odio o disputa. Con la mano apuntando hacia abajo, la palma hacia el espectador, los dedos cerrados e inclinados como ofreciendo un regalo, el gesto se conoce como *varada* y simboliza el otorgamiento

42

Ejemplos escultóricos de mudras en la danza hindú.

Abajo: *Shiva Nataraja en su danza cósmica.*

de dones. Finalmente, cuando el *pataka* se sostiene derecho y rígido se conoce como el *abhayamudra,* el mudra de la valentía, y significa protección o el otorgamiento de bendiciones.

Este mudra lo realiza uno de los brazos de las esculturas de Shiva Nataraja, es decir, Shiva como el Señor de los danzantes o actores. Según la tradición, la danza fue inventada por Shiva, quien bailó la danza Tandava, mientras Parvati, su consorte, interpretaba la seductora danza Lasya. Tandava y Lasya son el prototipo de la danza masculina y femenina respectivamente.

El universo es el resultado de la danza de Shiva. Galaxias, constelaciones, planetas se entrelazan en armonía en una danza celeste. El cosmos es el teatro del Señor de los danzantes, quien es a la vez actor y audiencia.

5. MUDRAS EN EL BUDISMO

Los mudras son una parte integral del patrimonio hindú y son adoptados por el budismo, en el cual adquieren fundamental importancia. Es difícil representar la evolución del uso de los mudras porque carecemos de ejemplos escultóricos o pictóricos adecuados que ilustren la forma en que se utilizaron en tiempos prebudistas. Sin embargo, sabemos que son una serie de posiciones simbólicas con valor místico que no se pierden en ningún momento sino que, por el contrario, el budismo los toma, primero débilmente —como se expresa en la etapa Gandhara del arte budista— pero con mucha fuerza en el budismo esotérico posterior. Los mudras no son una aportación original del budismo, sino la continuación de un lenguaje ritual inmemorial. El budismo heredó los mudras y los dotó de nuevos y místicos significados acordes con su propio genio.

De acuerdo con un testimonio del siglo V a.C., Buda utilizaba las manos para comunicar mensajes. Así, se cuenta que el joven Sakyamuni se topó con una mujer y para probar su preparación la saludó mostrándole el puño cerrado y enseguida ella respondió correctamente enseñando su palma extendida. Cuando el primo de Buda intentó matarlo lanzando contra él a un elefante borracho,

44

bastó que el iluminado levantara su mano extendida para calmar la furia del animal, que se inclinó para reverenciarlo.

En los primeros tiempos del budismo se respetó la prohibición de elaborar imágenes y sólo hasta el siglo II d.c. empezó a representarse el Buda histórico en forma humana. Las primeras imágenes aparecen en Gandhara, al noroeste de la India. Los artistas de este periodo recibieron la influencia del arte grecolatino, pero en ellos predomina el naturalismo propio del arte indio. En el arte Gandhara los mudras se usan sin un simbolismo preciso. La reglamentación del significado de los mudras parece haberse dado poco a poco, y con la aparición del Vajrayana, forma esotérica del budismo, los mudras se formalizaron e impregnaron de un simbolismo metafísico.

En el arte grecobudista se utilizaron pocos mudras en forma múltiple; así, un mudra puede significar a la vez la recepción de una ofrenda, una expresión de bienvenida, la predicación de la ley y la puesta en marcha de la rueda del *dharma;* a la inversa, un mismo pasaje de la vida de Buda puede representarse con diversos mudras. Con el tiempo cada mudra adquirió un significado propio; el uso informal fue sustituido en el budismo esotérico por una codificación precisa y, finalmente, en el tantrismo budista el simbolismo de los mudras logró su máximo desarrollo.

Bodhisatva *volando en una nube. Pintura japonesa del siglo VIII.*

III

TANTRA
Y MUDRAS

1. EL TANTRISMO

L origen de los mudras es difícil de precisar, pero una vez certificados en los Vedas y en el arte del budismo primitivo, podemos seguir su desarrollo paulatino hasta su pleno florecimiento en el tantrismo. La aparición de los mudras en el tantrismo viene a ser una revaloración de gestos antiguos, muchos de ellos olvidados en los primeros siglos de la era cristiana. *Tantra* quiere decir libro, no es pues un nombre de alguna doctrina espiritual. Existen gran cantidad de tantras, y son considerados los de menor importancia dentro de los *Shastras* (libros sagrados). En el sentido general de "texto" los tantras designan libros de contenido vishnuita y shivaíta, ajenos a lo que generalmente llamamos tantrismo. Los tantras del tantrismo —por decirlo de alguna manera— están dedicados a la exaltación de las diosas, es decir, del aspecto *shakti,* la fuerza eterna y primigenia, la gran Madre Universal, la energía de lo femenino. Asimismo, en estos textos tántricos se presentan una serie de rituales, algunos de los cuales fueron secretos en gran medida, cuyo objetivo es lograr la identificación del fiel con lo supremo. Lo distintivo del tantrismo es precisamente su filosofía práctica, cuya finalidad consiste en enlazar el principio masculino y el femenino para así realizar la Unidad.

El tantrismo parece tener sus antecedentes en prácticas yóguicas inmemoriales, pero como un cuerpo doctrinal perfectamente delimitado podemos ubicarlo en el siglo IV d.C., y aun es posible citar al maestro Asanga como uno de sus principales creedores. Las raíces de esta doctrina se encuentran tanto en el yoga como en la mística del budismo Mahayana.

El apogeo del tantrismo se ubica en el siglo VIII, cuando ya habían aparecido sus dos corrientes, conocidas como tantrismo de mano izquierda y de mano derecha. El tantrismo de mano derecha enfatiza la devoción a las deidades masculinas; y aunque utiliza ciertas prácticas mágicas evita los excesos del tipo de mano izquierda. El tantrismo de mano izquierda enfatiza las contrapartes femeninas de los dioses, de los cuales son el aspecto "activo". La unificación de la pareja divina la simboliza el acto sexual. Dentro de esta corriente destaca el Vajrayana, "Vehículo del diamante", es decir, el tantrismo budista. Aquí es donde los mudras alcanzaron gran desarrollo.

Desde un primer periodo del tantrismo, los mudras fueron más allá de la simple función de evocar un pasaje de la leyenda de Buda, tal como funcionaban en el arte de Gandhara; se considera que los mudras tienen un poder místico y mágico. El Vajrayana no se limita a considerar los gestos de las manos como un símbolo de carácter metafísico, sino que les concede gran importancia en el culto, como un medio para que el devoto se identifique con la Unidad Suprema.

El tantrismo muestra una excesiva preocupación por el detalle ritual y especialmente por las imágenes, fórmulas mágicas y gestos manuales a través de los cuales todos los sentidos participan en el acto religioso y de esta forma facilitan la meditación profunda. Los conceptos que respaldan los rituales tántricos se han tomado del budismo tradicional, considerando que cada ceremonia es la expresión visible de pensamientos que se sostienen a través del poder de la concentración.

De acuerdo con el tantrismo, todos los fenómenos del cosmos dependen uno de otro como si los unieran lazos misteriosos; de esta forma, cada palabra, acto o pensamiento están conectados al fundamento eterno del universo. Esta unidad básica permite considerar a los gestos rituales y en especial a los mudras, como un acto místico que contiene la esencia del Vajrayana: los tres misterios.

Los tres misterios son la idea básica del tantrismo budista sobre la cual se desarrollan sus aspectos mágicos y simbólicos. Los misterios son: pensamiento, palabra y acto. Representan los tres caminos para aproximarse al Uno y son tres aspectos inseparables de la Gran Unidad. Se manifiestan en cada fenómeno del mundo ordinario. Tres = Uno, Todo = Uno es la esencia de la enseñanza tántrica.

La doctrina de la unidad fundamental permite considerar equivalentes las imágenes meditativas (mandalas), las fórmulas místicas (mantras) y los gestos rituales (mudras). En esto se fundamentan las prácticas mágicas del tantrismo. Los mudras tienen una importancia equivalente al de la Palabra Verdadera.

2. LOS MUDRAS EN LOS RITUALES TÁNTRICOS

Dentro de los rituales tántricos destaca Nyasa. Éste ha sido interpretado como un homenaje así como una imposición de un mantra. En realidad los mantras se "fijan" en el devoto pronunciándolos sobre las diversas partes del cuerpo, de esta forma las divinidades, que usan como vehículo los mantras, se proyectan ritualmente en el cuerpo del iniciado.

En el Nyasa pueden utilizarse dos tipos de mantras: los primeros son las letras del alfabeto sánscrito, proveyendo al cuerpo de los cincuenta elementos básicos de la cosmogonía tántrica; los otros mantras que se pueden usar son de carácter reverencial y se ofrecen a las partes del cuerpo para consagrarlas como idénticas a los miembros de la Deidad Suprema.

Este ritual revela que el sonido divino y el cuerpo humano se ponen en contacto a través de los mudras, pues al recitarse cada mantra se toca una parte del cuerpo con un determinado gesto de las manos.

La importancia de los mudras se pone de relieve en los *Pañcamakara,* "las cinco emes", es decir, los cinco aspectos esenciales del ritual tántrico de mano izquierda cuyos nombres se inician con la letra m:

Madya	vino
Mansa	carne
Matsya	pescado
Mudra	sello
Maithuna	unión sexual

Cada uno de estos aspectos corresponde a un elemento: el vino al fuego, la carne al aire, el pescado al agua, el mudra a la tierra y el acto sexual al éter.

El *chakrapuja* o ceremonia de la rueda es un rito tántrico en el cual intervienen estos cinco aspectos; un grupo de seguidores del tantrismo se reúne sentándose en un círculo trazado en el piso, colocando a su respectiva pareja a la izquierda. Los miembros masculinos del rito se llaman *vira,* "héroes", y los femeninos, *shakti.* Enmedio del círculo se sitúa el líder del grupo con su *shakti* o una muchacha virgen desnuda que representa a la diosa Shakti, que puede ser sustituida por una imagen de la diosa, un *yoni* (símbolo del sexo femenino) o un mandala de nueve *yonis.*

El propósito de este rito es proporcionar a los participantes una experiencia de la iluminación, compartiendo los cinco principios que son objeto del deseo humano, a través de los cuales se puede lograr la perfección. El *Guhyasamaja-tantra,* atribuido a Asanga, afirma: "Nadie puede obtener la perfección por medio de operaciones difíciles y aburridas; pero la perfección puede obtenerse fácilmente mediante la satisfacción de todos los deseos". Desde este punto de vista parece que el rito tántrico fuera muy fácil, sin embargo, presupone una larga disciplina espiritual para alcanzar la transformación completa en un "Ser de diamante", es decir que el espíritu individual se convierta en el Espíritu universal. Así, las cinco emes no consisten sólo en transgredir los patrones de conducta de la moral hindú, ingerir bebidas embriagantes, matar, consumir carne y dar rienda suelta a la lujuria, sino que en un plano elevado las cinco emes vienen a ser "Beber del vino que fluye del centro de los mil pétalos en la coronilla de la cabeza; matar la codicia, odio, ilusión y otras bestias malignas; consumir el pecado de la falsedad, la calumnia, la envidia, etcétera; mostrar los gestos de esperanza, deseo, contento, y disfrutar las bellezas sensuales que se encuentran a lo largo de la columna. Estas cinco acciones conducen al hombre a la perfección interior".

El sentido esencial de la unión sexual en el ritual tántrico es lograr "detener" el *bodhicita,* que en un plano elemental indica el semen, pero que también significa el "Pensamiento de despertar". En el pragmatismo tántrico, los mudras colaboran para lograr este objetivo; en el *hatha yoga* los mudras son posiciones corporales que, junto con las *bandhas,* ayudan a controlar los músculos y nervios de la región genital. Cabe aclarar que detener la emisión seminal se asocia con la "detención" de la respiración y ésta, a su vez, con el control de los estados de conciencia. La finalidad del proceso hathayóguico o tántrico es detener los estados de conciencia para experimentar la conciencia, vivir la Unidad.

En el contexto del *chakrapuja,* los mudras desempeñan un papel múltiple. En primer término son una oblea de cereal seco que se come durante el ritual; una especie de hostia sacramental que comparten todos los fieles que realizan la ceremonia. Asimismo, los mudras indican las posturas del *maithuna* y aún más, mudra es el nombre de la compañera del rito sexual.

Por lo tanto, mudra es Shakti. ¿Cómo se llega a establecer esta analogía? En un sentido amplio mudra significa sello, huella, puede entenderse como una matriz. Así, los mudras tienen un carácter eminentemente femenino. En los textos tántricos, que están redactados en un lenguaje cifrado, *mahamudra,* "gran mudra", quiere decir muchacha y *jñanamudra,* "mudra de la sabiduría", es esposa.

Alimento consagrado, postura sexual, matriz, mujer, energía divina, todo esto y más denota la palabra mudra en el ritual.

3. LA CLASIFICACIÓN DE LOS MUDRAS EN EL VAJRAYANA

En los tantras budistas se otorga a las manos gran cantidad de significados espirituales, presentándolas como un libro abierto para conocer el mundo del espíritu; sólo es necesario conocer el lenguaje en el cual está escrito.

La mano izquierda es pacificación y se llama principio e identifica al mundo matriz. La mano derecha es discernimiento y se lla-

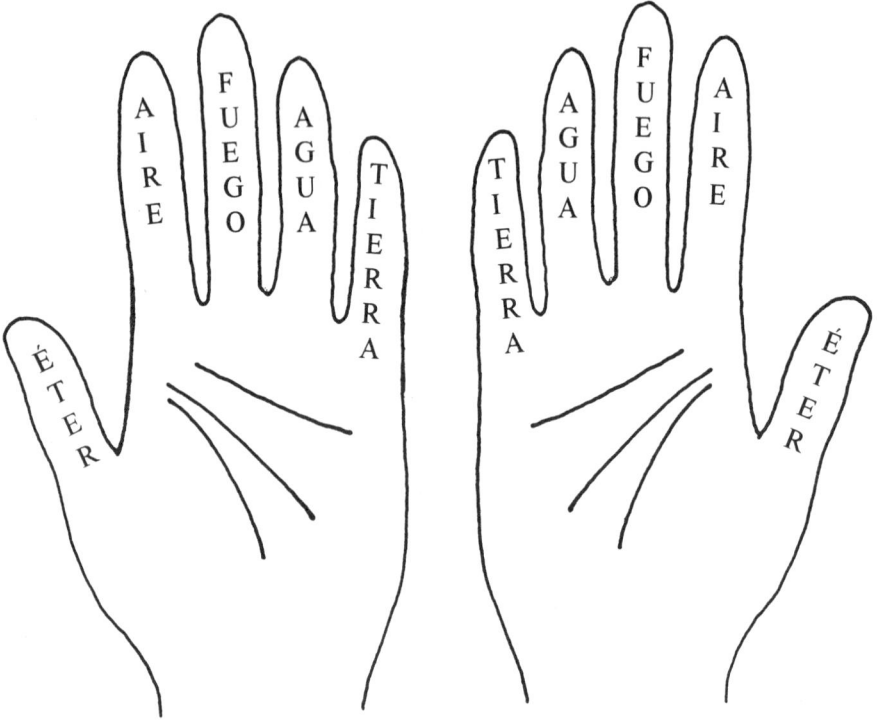

Los cinco elementos que componen el cuerpo y el cosmos.

ma conocimiento e identifica al mundo de diamante. Los cinco dedos de la mano izquierda representan los cinco conocimientos del mundo matriz; los de la mano derecha representan los cinco conocimientos del mundo de diamante. La mano izquierda es concentración, la mano derecha es sabiduría. Los diez dedos son las diez etapas, los diez mundos de la Esencia. El meñique izquierdo es caridad; el anular, disciplina; el medio, paciencia; el índice, energía; el pulgar, contemplación. El meñique derecho representa sabiduría; el anular, significado; el medio, voto; el índice, poder; el pulgar, conocimiento. En otro sentido, el meñique representa tierra; el anular, agua; el medio, fuego; el índice, aire y el pulgar es el vacío. Las manos son dos alas, la derecha es el sol y la izquierda la luna; en otros términos son la inteligencia y la meditación. Por lo tanto, los dedos se llaman los diez grados, las diez ruedas, los diez lotos, los diez mundos de la ley, las diez cumbres.

El maestro de Vajrayana Zemmui Sanzo divide los mudras en "signos de mano" y "signos de pacto". Los signos manuales son mudras formados por la flexión de los dedos, mientras que los otros son símbolos diferentes como el loto, la espada, etcétera, que son objeto de meditación. Por su parte, el texto *Kongochokyo* menciona cuatro tipos de mudras:

1. "Grandes mudras". En éstos, por medio de sílabas sagradas, atributos de las divinidades y estatuas, el celebrante se concentra para obtener la unificación con la divinidad objeto de su meditación, penetrando en la mente Bodhi y realizando la encarnación del estado de Buda.

2. "Mudras de los símbolos diferenciados", conocidos también como mudras de forma convencional, los cuales se refieren a gestos manuales que representan símbolos convencionales como el loto o la espada.

3. "Signos *karma*", que son gestos que representan la veneración que inspiran la conducta y los actos de Buda.

4. "Signos de la esencia", que son en realidad la recitación de fórmulas místicas.

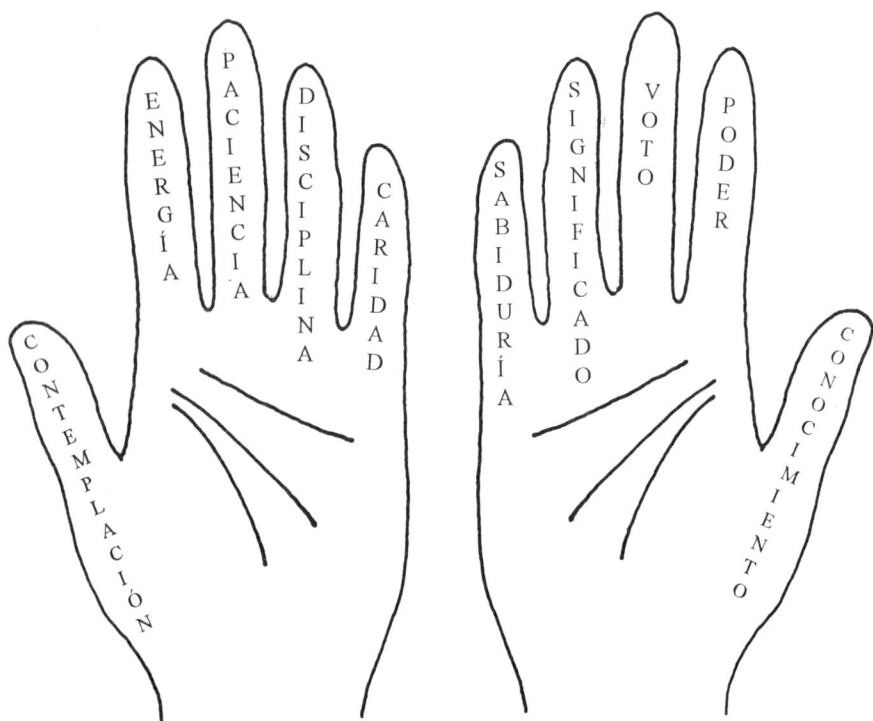

Para conocer la verdad y obtener la iluminación el hombre debe practicar las diez virtudes.

La clasificación que el Vajrayana hace de los mudras los divide en dos grupos fundamentales conocidos como signos madre: los cuatro tipos de "puños" y los doce "broches" de la mano.

Los cuatro tipos de puños son el puño del loto, el puño del diamante, el puño del nudo externo y el puño del nudo interno. El puño del loto también se llama puño de la matriz, se hace con los dedos doblados hacia dentro, con el pulgar presionando un lado del índice; se cree que representa al loto cerrado, sin abrir sus pétalos. El puño del diamante es el principal, los *karmamudras* están basados en él; se forma cubriendo el pulgar con el meñique, el anular y el medio, mientras que la yema del índice toca el nudillo del pulgar; se considera que "ata" el conocimiento, el lenguaje del cuerpo y el corazón de todos los Tathagatas, expresando de esta forma la unidad de los tres misterios (cuerpo, habla y pensamiento) que se manifiesta en los iluminados. El puño del nudo externo se forma estrechando las manos palma con palma cruzando los dedos por fuera; el espacio que se forma entre las manos se considera la luna o el loto; así, los dedos representan los rayos de la luna o las hojas del loto. El puño del nudo interno se forma uniendo los diez dedos por sus yemas en el interior del espacio formado por las palmas unidas; también se cree que representa a la luna simbolizando el corazón Bodhi, del cual los dedos son una especie de aureola.

En ocasiones a los cuatro puños básicos se añaden otros dos, el puño de la ira y el puño del Tathagata. El puño de la ira se forma doblando el medio y el anular sobre el pulgar, mientras el índice y el meñique se sostienen levantados y ligeramente curvados. El puño del Tathagata se forma haciendo el puño del loto con la mano izquierda y el puño del diamante con la derecha, uniéndose por medio del pulgar izquierdo, que se inserta bajo el meñique del puño derecho.

Los doce broches de la mano que forman el segundo grupo de signos madre están encabezados por el broche del corazón firme y sincero, que se forma colocando las dos manos juntas, palma con palma, sin espacio entre ellas. El segundo es el broche del corazón

Puño del loto. Es el
loto cerrado. Como el
hombre común, un ser
divino en potencia. Be-
lleza esperando mani-
festarse

Puño del diamante.
Los iluminados han lo-
grado armonía entre
cuerpo, habla y pensa-
miento. La Verdad que
brilla en su corazón se
expresa en palabras y
actos.

Puño del nudo
externo. Los dedos
representan los ra-
yos de la luna que
clarifican la mente, o
también son las ho-
jas de loto

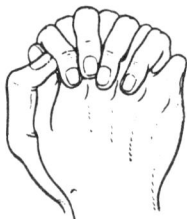

Puño del nudo
interno. Los dedos
forman la aureola
que brilla desde el
corazón Bodhi.

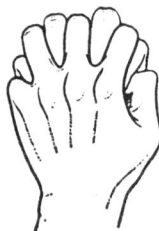

Puño de la ira.

Puño del Thathagata.

58

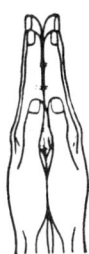

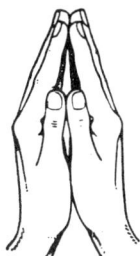

1   2   3   4

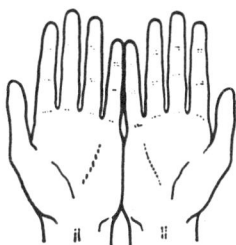

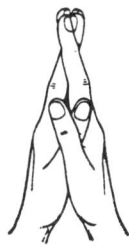
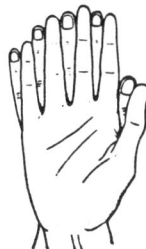

5   6   7   8

9

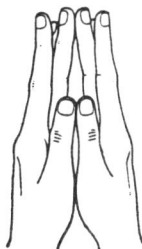
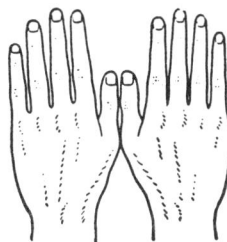

10   11   12

Los doce broches.

1. Corazón firme y sincero
2. Corazón vacío
3. Botón de loto
4. Loto a punto de abrir
5. Exposición clara
6. Llevar el agua
7. Refugio

8. Manos invertidas
9. Reposo
10. Soporte de la construcción 1
11. Soporte de la construcción 2
12. Manos cubiertas

59

vacío, en el cual los diez dedos se tocan pero entre las manos se deja un pequeño espacio. El tercer broche representa el botón del loto y es similar al anterior, sólo con un espacio un poco mayor entre las manos. El cuarto broche es el del loto sin abrir —repitiendo la idea del anterior—, de nuevo las yemas se tocan, mas el índice, el medio y el anular comienzan a separarse. El quinto broche es el de la exposición clara y se hace con las dos palmas abiertas, una junto a la otra, con los dedos hacia arriba. El sexto broche es el gesto de llevar agua, ahuecando las dos manos formando una copa. El séptimo broche, el del refugio, entrelaza los dedos de la mano derecha con los de la izquierda. El octavo broche, llamado el broche del dorso, presenta precisamente las dos manos unidas por el dorso entrelazando los dedos. El noveno broche coloca las manos una sobre la otra unidas también por el dorso, de manera que la palma de la mano izquierda está hacia abajo mientras la de la derecha hacia arriba. El décimo broche es el broche del soporte de la construcción, con las palmas cara a cara pero sólo tocándose con los dedos medios. En forma similar se hace el undécimo broche, pero aquí los pulgares se unen, además de las yemas de los medios. El duodécimo broche es el de las manos cubiertas y consiste en sostener las dos manos con las palmas hacia abajo, mientras que los pulgares se tocan y los dedos se extienden.

IV

LOS MUDRAS
EN LA MEDITACIÓN

1. YOGA, MEDITACIÓN, MUDRAS

UIZÁ el principal problema del mundo de hoy es que estamos alejados de nosotros mismos. El Ser interior es absolutamente desconocido para quienes somos expertos en matemáticas, cibernética, mercadotecnia, etcétera. Por lo tanto, hoy en día la meditación es una necesidad urgente: el hombre requiere sumergirse en el océano que es él mismo

Mediante la meditación es posible el control de los sentidos, cortando el vínculo con lo exterior hasta penetrar en la paz interior. La mente, que se nutre a través de los sentidos, debe controlarse.

La meditación propicia un mejor funcionamiento del cuerpo y en especial del sistema nervioso, pero más que nada permite controlar el flujo constante de las experiencias psicomentales, haciendo desaparecer el ego para experimentar la unidad del cosmos; en el estado meditativo la razón no tiene cabida y la intuición responde a la primera y última pregunta del hombre: ¿Quién soy yo?

Son múltiples los caminos de la meditación, como lo asevera Daniel Goleman en su obra, que incluye desde los métodos hindúes hasta los cristianos, pasando por los budistas y los movimientos contemporáneos. Vamos a concentrarnos en el método más tradicional de la India, del cual derivan numerosas escuelas de meditación: el sistema yoga, tal y como se encuentra en los *Yoga Sutras* atribuidos a Patanjali.

De acuerdo con Patanjali, el yoga es la supresión de los estados de conciencia, que podemos agrupar en tres tipos: 1) los errores y las ilusiones, 2) las experiencias psicológicas normales y 3) las experiencias parapsicológicas de la práctica yóguica. Es necesario eliminar las dos primeras categorías de experiencias y sustituirlas por la experiencia del *samadhi,* que rebasa la condición humana. Para alcanzar este nivel es necesario practicar un óctuple yoga: *yama* (refrenamiento), *niyama* (disciplina), *asana* (actitudes y po-

63

siciones del cuerpo), *pranayama* (ritmo de la respiración), *pratyahara* (liberación de los sentidos), *dharana* (concentración), *dhyana* (meditación) y *samadhi*.

Yama está formado por cinco prescripciones, la primera de las cuales es *ahimsa,* no violencia, que es la fuente de todos los demás refrenamientos y de las disciplinas. *Ahimsa* es la esencia de la espiritualidad hindú y significa no causar dolor a ninguna criatura jamás. Lo siguen *sathya* o verdad; *astheya,* no robar; *brahmacharya,* celibato, y *aparigraha,* no avaricia. En realidad son una serie de preceptos que conforman una moral que conduce a un estado humano purificado. Para lograrlo es necesario abandonar el apego al cuerpo y los sentidos. La identificación con el cuerpo produce los apegos y permite la ilusión; en cambio, cuando tomamos conciencia de que todo es Dios es posible vivir la verdad, no dañar a ningún ser, etcétera.

A la vez se deben practicar las "disciplinas", *niyama.* La primera raíz de las disciplinas es *soucha* o pureza, condición del amor permanente. Es una limpieza de los órganos del cuerpo así como la eliminación de las impurezas de la mente; de ella derivan las otras cuatro disciplinas: *santosha* (serenidad o alegría), *tapas* (austeridad), *swadhyaya* (estudio metafísico) e *Ishwarapranidani* (entrega al Señor Ishwara). Quien logra cumplir estas disciplinas se asemeja a los sabios, es humilde y prodiga un amor constante hacia el Señor.

Después se deben practicar los *asanas* y el *pranayama,* las posturas y las técnicas de respiración que son lo que en nuestra cultura identificamos propiamente como yoga.

Los *asanas* implican el dominio del cuerpo, que se encierra en sí mismo sintiéndose inafectado por el mundo externo. Este dominio sólo se puede alcanzar por la pureza moral y física que producen *yama* y *niyama.* El *asana* estabiliza el cuerpo y reduce el esfuerzo físico, elimina la tensión regulando los procesos fisiológicos. Por eso, en el *Yoga Sutras* se dice que *asana* es "estable y agradable". *Asana* significa firmeza del marco físico y gozo interno que florece en el corazón.

En realidad, por medio de *asana* se suspende la total atención a la presencia del propio cuerpo. El *asana* perfecto es aquel en el cual no hay ningún esfuerzo para realizarlo, se suspende el movimiento del cuerpo para que la mente también detenga su continuo fluir.

Asana es seguido de *pranayama,* la disciplina de la respiración, el control y regulación de la inhalación y la exhalación. Puesto que la respiración precede a las funciones de todos los órganos, si logramos suspender éstos se puede lograr controlar la respiración y así concentrar la conciencia. En otras palabras, el equilibrio fisiológico del *asana* favorece al *pranayama.*

La respiración está ligada a los estados mentales. No se puede tener equilibrio mental con una respiración agitada. Es más, la irregularidad de nuestra respiración produce la fluidez psíquica y por lo tanto, la dispersión mental. Con el *pranayama* se logra una respiración rítmica produciéndose una armonía fisiológica y mental.

Sólo así es posible el *pratyahara,* que consiste en volver los sentidos del mundo externo hacia la conciencia mental, con lo cual se puede iniciar *dharana,* la concentración en un solo punto, base para *dhyana,* la meditación. La concentración le da un carácter firme a la mente, la mente está sujeta a vigilancia y se le instruye para que fluya en una sola dirección y firmemente hacia la experiencia de la unidad. Llegamos enseguida a la meditación, cuando la conciencia se transforma en la sabiduría misma. La esencia de *dhyana* es experimentar al Uno, anular todo sentimiento de diferencia y separación, esto es lo que culmina en el *samadhi.*

Hemos enfatizado en el proceso yóguico porque los mudras son parte de él, especialmente del *asana* y el *pranayama.* Existe una relación estrecha entre el ritmo respiratorio y ciertos mudras, tanta que algunos ejercicios del *pranayama* se llaman mudras.

Los mudras actúan en el sistema nervioso produciendo ciertos efectos psicológicos y fisiológicos; la posición de las manos viene a ser el cierre del circuito nervioso, promoviendo un equilibrio dinámico en el organismo, mientras fluye la energía. En la fisiología yóguica es necesario que la corriente kundalínica se conduzca hacia arriba atravesando los *chakras*. De acuerdo con De la Ferriere, esto se puede lograr utilizando *bandhas* (contracciones) y mudras durante el *pranayama*.

También es común que algunos *asanas* se denominen mudras, como en el caso de *shirsasana*, que se prescribe para vencer la destrucción conduciéndose el sol (plexo solar) hacia lo alto y haciendo descender a la luna (ubicada simbólicamente debajo del paladar); esto se hace invirtiendo el cuerpo. El *shirsasana* es considerado un mudra sagrado, llamado *viparita-karani*, el "cuerpo invertido". Pero fuera de estos casos extremos, el *asana* se considera como el mudra mismo; la relación *asana*-mudra es estrecha, si consideramos que para cada postura del cuerpo se debe considerar el apropiado gesto manual.

Existe, además, un lazo moral que une *mudra, asana* y *pranayama* y es que la condición inevitable para la práctica del yoga es la pureza *(yama y niyama)*. La postura estable del cuerpo se proyecta en las manos y, en escala simbólica, las manos son el cuerpo, el cuerpo es el templo, el templo es el cosmos. Si las manos hicieran el mudra de la caridad, ésta llenaría el cuerpo y reflejaría el amor que permea el universo, esto no puede realizarse en plenitud si la vida cotidiana del yogui es egoísta. Así, los mudras son un broche, un sello para el *asana*, así como el conductor de la energía producida en el sistema nervioso a través del *pranayama* y, finalmente, es el reflejo de la vida moral de quien ha decidido el camino del yoga.

2. MANDALA

En ciertos rituales y formas para meditar se utilizan los mandalas como un apoyo para la concentración. Los mandalas pueden considerarse un diagrama esotérico que consiste en una serie de zonas circulares o cuadrangulares rodeando un misterioso centro, residencia de la Divinidad. Literalmente *mandala* significa círculo, pero se puede entender también como "centro" o como "lo que rodea". El mandala es una imagen del universo y, a la vez, una manifestación de la Divinidad. ¿No es el cosmos la proyección de Dios?

Mandala. Imagen del universo, manifestación de la Divinidad.

El mandala se utiliza en el ritual tántrico; en la iniciación el fiel tiene que atravesar uno a uno los anillos concéntricos y comprender el significado de cada uno hasta llegar al centro, alcanzando la libertad espiritual.

El fuego del conocimiento metafísico forma el anillo exterior, cruzarlo es quemar la ignorancia; el siguiente anillo es de diamante, es decir, la conciencia *bodhi,* la iluminación; después, ocho cementerios forman un círculo que simboliza la desintegración de la conciencia, tras la cual un anillo de hojas indica el renacimiento espiritual. Tras estos cuatro anillos se llega al "Palacio", donde se representan los dioses. Éste tiene cuatro puertas protegidas por guardianes que defienden a la conciencia del caótico flujo mental. En el palacio, el trono central lo ocupa Buda, soberano del cosmos.

Antes de penetrar en el mandala, el discípulo se viste con insignias de realeza pues busca identificarse con el Soberano, elevándose hasta su trono al adquirir la libertad espiritual. El rito es una marcha hacia el centro, el centro que no es sólo el punto axial del mandala, sino el eje mismo del cosmos.

Esta breve descripción del rito omite muchos detalles, pero nos permite comprender que el mandala es un espacio sagrado, espejo del cosmos, y el discípulo al caminar por él realiza el camino que todos transitamos: el retorno al origen. Por este motivo se erigen como mandalas los recintos sagrados y templos budistas.

Además de su función ritual, los mandalas son el punto de partida para un sistema de meditación específico del *Vajrayana,* cuyo objetivo es asegurar la unión mística con Vairocana, la Suprema Unidad. En este caso, los mandalas se plasman en papel, seda o lino y es posible usarlos como objeto de meditación. El uso del mandala se destaca especialmente en Tibet y Japón, en donde se elaboran algunos de gran calidad artística. En estos mandalas, además de las imágenes de Buda y de los *bodhisatvas,* aparecen signos sánscritos y atributos simbólicos que se cree que tienen ciertos poderes mágicos.

El mandala es un apoyo para la meditación, pues ayuda a evitar las distracciones, contribuyendo a concentrar la mente: con ayuda del mandala el practicante reencuentra a las divinidades en sí mismo, transforma su cuerpo individual en el cuerpo universal. En la meditación se hace lo mismo que en el rito, sólo que por medio de la mente se penetra en el mandala y el meditador se acerca a su propio centro, recorriendo el cosmos a través de su propio cuerpo. Esto también está relacionado con la organización circular que la fisiología esotérica le otorga al cuerpo.

Los *chakras* (literalmente círculos) son centros de energía que se manifiestan en forma de disco, con un eje común ubicado en la espina dorsal. Y así como el propio cuerpo es un mandala, también un templo es imagen del universo. En el cuerpo, dice Saraha, está el Ganges, la luna, el sol, los lugares sagrados: "Aún no he visto un sitio de peregrinación y beatitud comparable con mi cuerpo".

Las manos son, además, un compendio del cuerpo, pues éstas pueden convertirse en un mandala. En el rito budista llamado *Hastapujavidhi,* Rito de la ofrenda, en la mano izquierda se forma un mandala. El círculo externo lo forman los dedos, que representan los cinco elementos con sus manifestaciones femeninas: el pulgar es la tierra *(patani);* el índice, el agua *(marani);* el medio, el fuego *(akarsani);* el anular, el aire *(nartesvari)* y el meñique, el éter *(padmajalini).* El círculo siguiente lo forman las uñas, que representan los cinco budas, sus colores y sus respectivas sílabas sagradas: en el pulgar está el Buda Amoghasidhi, de color blanco, cuyo mantra es *Om hah namah;* en el índice, Vairocana, amarillo, *Hi svaha;* en el medio, Amitabha, rojo, *Hum vausat;* en el anular, Aksobhya, negro, *He hum hum hoh;* en el meñique Ratnasambhava, verde, *Phat ham.* El círculo interior de este mandala en la mano se dibuja sobre la palma en la forma de un loto rojo de cinco pétalos, en donde se sitúan cinco diosas: Yamini, negro, *Ham yom;* Mohani, blanco, *Hrim mom;* Sancalini, amarillo, *Hrem hrim;* Santrasini, verde, *Ngam ngam* y Chandika, gris, *Phat phat.* En el centro del loto aparece la diosa Vajravarahi, a la que corresponde el color rojo y el mantra *Om vam.* Éste es un mudra y a la vez un mandala que se utiliza como objeto de meditación y una prueba del lazo que existe entre los mudras en general y los mandalas.

En el *Vajrayana,* budismo tántrico, la palabra y el pensamiento se encuentran muy relacionados, por lo cual los mantras son un medio eficaz para lograr el dominio mental; ahora bien, la expresión visual de las palabras la constituye el mandala o el mudra. El mandala, según hemos visto, implica un diagrama cósmico, al igual que las manos son un espejo del orden del universo. Por consiguiente, el sonido sagrado, acorde con el ritmo cósmico, se manifiesta visualmente por medio de mandalas y mudras. De esta manera podemos decir que los mudras revelan el misterio del mundo y el de la palabra.

4. MANTRAS

Los mantras tienen un gran valor en el ritual védico, las técnicas meditativas y las creencias tántricas. En un sentido general puede considerarse que los mantras son fórmulas, versos o una secuencia de palabras que contienen una alabanza y se cree producen efectos mágicos, religiosos o espirituales. Primero podemos encontrarlos en los Vedas, pero existen fórmulas de origen diferente que se utilizan en los cultos postvédicos. El término abarca, además, todas las fórmulas poderosas, y que por ello se consideran mágicas, compuestas por textos, palabras, sonidos, letras, a la vez que otorgan buena suerte a quien los conoce y lo ayudan a vencer a sus enemigos.

Los mantras están formados por sílabas ordenadas de acuerdo con patrones convencionales basados en tradiciones esotéricas y transmitidas de maestro a discípulo en un ritual iniciático. Estas palabras de poder son el vehículo a través del cual se pueden manifestar divinidades o la energía cósmica. Por eso se dice que el águila Garuda, que en la mitología hindú es el conductor de Vishnú, simboliza al mantra; es el medio por el cual Vishnú se traslada del cielo a la tierra, del espíritu a la materia.

Las reflexiones hindúes y budistas acerca de los mantras son muy variadas. Los Vedas no son más que los mantras surgidos del mantra primordial, la sílaba sagrada Aum. De la experiencia directa con la Divinidad, los *rishis,* los antiguos sabios videntes, tradujeron la realidad espiritual en sonidos, lo más próximo a Dios, vibración pura. Todos los textos sagrados no son más que mantras. Ése es el caso de los Vedas ya mencionados y de los Upanishads; todos estos textos, dice Sathya Sai Baba, son los susurros de Dios al hombre.

A través del mantra el buscador se encuentra finalmente con lo divino, pues lo conduce hacia la vibración primigenia y el silencio original. Todo el universo no es más que una vibración producida por la garganta divina; si somos capaces de remontarnos por medio del sonido de un mantra hacia su fuente, llegaremos a la experiencia última de Brahman, el Absoluto.

La palabra mantra significa "salvación mediante la reflexión". *Ma* deriva de *manana,* reflexión, y *tra* es salvar. Por consiguiente, no basta la repetición del puro sonido sino que es necesario concentrarse en su significado, así, el mantra nos llevará de las cadenas de la ilusión a la libertad de la sabiduría.

La disciplina espiritual del Pañcaratra (secta vishnuita de carácter tántrico) consiste fundamentalmente en el sendero del mantra. Considera que quien desee la salvación debe practicar siempre el servicio del mantra, encarnación de Shakti; debe acercarse al mantra como si éste fuese una persona con cuerpo y alma. El maestro instruye al discípulo para comprender los diferentes aspectos de un mantra y la forma en que se relacionan con Dios y el hombre. Aprendiendo a realizar esto en el ritual, el *pañcaratrin* logra la liberación utilizando el mantra.

El ritual *Pañcaratra* consta fundamentalmente de dos partes, la primera consiste en la selección del mantra que se extrae de un mandala, cuyo centro es el Om, del cual brotan todas las letras sánscritas; la segunda es la aplicación del mantra al cuerpo. Esta segunda parte del rito se llama *nyasa* (depositar), pues consiste en colocar el mantra en la persona. Para esto se considera que el mantra tiene una forma similar a la anatomía humana, con seis miembros principales y seis secundarios. Los principales son el corazón, la cabeza, la coronilla, el torso, los ojos y la energía defensiva. Los órganos secundarios corresponden al ombligo, la espalda, los brazos, los muslos, las rodillas y los pies. El practicante de esta disciplina deposita paso a paso las partes de su mantra en las zonas correspondientes de su cuerpo tocándolas mientras dice lo que hace, saludando con reverencia a las sílabas o frases sagradas. De esta forma se logra deificar la propia anatomía, sustituyendo el cuerpo mundano por el cuerpo del mantra.

El mantra tiene entonces una correspondencia física que en el budismo esotérico *(Vajrayana)* se sintetiza en los mudras. Se considera que el cosmos es unidad, y ésta se expresa en la correspondencia armónica de la palabra, la acción y el pensamiento. Esta doctrina de los "Tres misterios" tiene un profundo significado moral: el hombre, "dueño" de su propia vida, puede decidir de qué manera hace corresponder estos tres aspectos. El mundo actual sufre en gran medida por la ausencia de unidad en el hombre; sólo cuando nuestro pensamiento esté acorde con nuestras palabras y éstas, a su vez, con nuestra conducta, habremos logrado la unidad interna, seremos reflejo de la unidad divina del cosmos y restituiremos el orden y la armonía a nuestro mundo.

Además de este carácter ético, la doctrina de los "Tres misterios" revela los procedimientos prácticos y rituales de la disciplina espiritual del budismo tántrico. El mantra, sonido sagrado, debe vibrar no sólo en el aire, sino en la mente, para que el pensamiento y el sonido sean uno. Esta armonía a su vez debe expresarse en el hacer del hombre, simbolizado por sus manos, que se ordenan de acuerdo con un modelo divino: los mudras. Entonces, los mudras son la expresión de una idea sagrada, la interpretación corporal de una vibración espiritual y el signo que garantiza la integridad del creyente, su apego inamovible al sendero del *dharma* enseñado por Buda.

Ubicados, pues, en el camino de la meditación, debemos recordar que para lograr la Unión *(Yoga)* la vida misma debe purificarse, y sólo después de ello podremos regular nuestra respiración, colocar el cuerpo en posición estable y cómoda y ver con los limpios ojos internos a Dios, que se manifiesta como una vibración, se simboliza con un mandala y está a nuestro alcance: en nuestras manos, que al hacer un mudra acarician la presencia de Dios.

Mantra. Todo el universo no es más que una vibración producida por la garganta divina; si somos capaces de remontarnos por medio del sonido de un mantra hacia su fuente, arribamos a la experiencia última de Brahman, el Absoluto.

Estatua de Buda en meditación. Las manos ejecutan una de las variantes del dhyanamudra.

V

SIMBOLISMO DE LOS MUDRAS

os mudras poseen un lenguaje espiritual, traducir su mensaje a un lenguaje verbal y racional es un poco difícil y quizá estéril; sólo probándola se puede conocer el sabor de la fruta; sólo se puede conocer la riqueza de los mudras practicándolos. En la meditación budista o yóguica, la que sea de nuestra preferencia, la postura de nuestras manos adquirirá un verdadero valor. A continuación describiremos cómo se realizan algunos de los mudras y añadiremos una interpretación, ya sea la del budismo o la del hinduismo tradicional. Esta interpretación no es, ni pretende serlo, completa o única; el simbolismo de un mudra no se agota en la explicación racional sino en la realización espiritual.

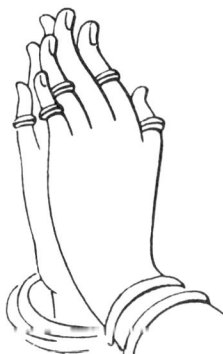

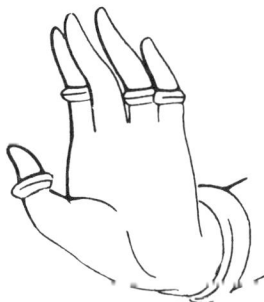

VARAMUDRA

Regresaré si algún día descubro la forma de acabar con el sufrimiento; si fallo, no habrá ninguna diferencia si los dejo ahora o si los dejara después, la muerte nos separaría de todas formas.

Buda.

sánscrito: *varamudra* o *varadamudra*.
japonés: *segan in (yogan in* y *mangan in)*.
chino: *shih yüan yin*.

La palma se expone hacia el espectador abierta y vacía. Los dedos deben curvarse ligeramente, como si sostuvieran un objeto redondo. Si se hace de pie, el brazo se mantiene un poco extendido hacia adelante; si se hace sentado, la mano debe permanecer cerca del nivel del pecho, un poco de lado.

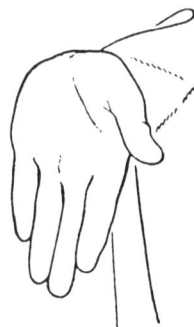

El *varamudra* indica la caridad de Buda, por eso es el gesto del otorgamiento de favores. Simboliza el acto de una limosna: la que Buda da para el bienestar del mundo: significa también el cumplimiento de una promesa, la realización de los votos ofrecidos por Buda para auxiliar a todos los seres. Por todo esto los japoneses llaman a este mudra *segan*, porque *se* significa dar limosna y *gan*, voto. También utilizan el nombre de *yogan*, refiriéndose a la concesión de los deseos mediante la caridad de Buda y también lo llaman *mangan*, cumplimiento del voto. Esta noción caritativa del mudra se refleja en el significado del término sánscrito *vara* o *varada:* quien satisface deseos, el que da regalos, el que otorga.

A partir del concepto de la caridad, se considera que la realización de este mudra logra satisfacer todos los deseos y viene a ser, por extensión, el símbolo del Regalo de la Verdad que hizo Buda, la Verdad de la doctrina, la Verdad que salva. La mano con los dedos extendidos simboliza el florecimiento de esta verdad perfecta.

El voto a que se refiere el mudra es el voto original de Sidharta al emprender su viaje para buscar el fin del sufrimiento: luchar por la salvación de todos los seres. La creencia de que con ese mudra se cumplen todos los deseos no es sino aquella de que al recibir lo que satisface plenamente (la Verdad), todos los demás deseos se colman por sí mismos. La responsabilidad de Buda no es satisfacer nuestros deseos mundanos sino otorgarnos la salvación, satisfacer el verdadero anhelo que hay detrás de todos los deseos.

En las pinturas de Kannon, una divinidad japonesa, este mudra se representa con unas gotas cayendo de las yemas de los dedos de la mano derecha, las cuales indican el néctar de la vida que la diosa derrama a su alrededor para beneficiar a quienes la veneran. Se dice también que el Buda Avalokiteshwara desciende a la ciudad de la muerte, libre de temor y saturado de compasión, hace el *varadamudra* con sus dos manos y de sus diez dedos brota *vaitarani*, el agua de los ocho elementos, verdadera agua de la vida, que permitirá a los muertos reconstruirse y así reencarnar. Tras haberlos salvado, los transporta hacia donde puedan encontrarse con la iluminación.

También se dice que el *varamudra* lo realiza el Bodhisattva Yakushi para mostrar el cumplimiento de los votos que hizo:

1. Iluminar con su propia luz el mundo entero, pues deseaba que cada ser obtuviera la liberación. 2. Que su cuerpo sea luminoso. 3. Propagar el infinito amor por medio de la sabiduría. 4. Conducir a quienes transitan el pequeño sendero hacia el gran sendero. 5. Comunicar los preceptos a todos los seres para que puedan obtener la salvación. 6. Convertir el mal en bien. 7. Curar al pobre y al enfermo mediante el poder de su nombre. 8. Ayudar a la mujer a renacer en un cuerpo masculino, para que pueda obtener la salvación. 9. Conducir de nuevo hacia el camino de la rectitud a aquellos que se hayan desviado. 10. Conceder la salvación sin ningún obstáculo. 11. Salvar del hambre y la sed. 12. Dar vestido e incienso al desnudo.

El *Varamudra* asegura que los iluminados cumplen sus promesas y salvan al hombre de la enfermedad, la vejez y la muerte con su amor y su verdad.

ABHAYAMUDRA

¿Dónde está la paz de mi alma? ¿Dónde encontrar un apoyo? ¿Dónde encontrar un protector para mi rebaño y para mí, si no es en ti, ¡oh Ahura!, en ti, santa Verdad?

Zoroastro

sánscrito: *abhayamudra* o *abhayamdadamudra*

japonés: *semui in*

chino: *shih wu wei yin.*

La mano derecha se levanta ligeramente hasta el nivel del hombro, los cinco dedos se extienden verticalmente mostrando la palma hacia el espectador.

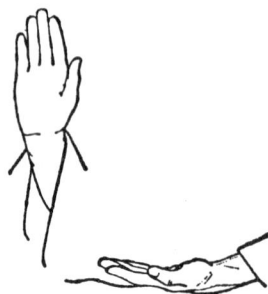

El origen de este signo de la mano derecha levantada parece encontrarse en el Medio Oriente, de donde se expande tanto al Este como al Oeste. Así, entre los semitas este gesto ritual era usado como una bendición que tenía poderes apotropeicos, es decir, alejaba las malas influencias y los espíritus dañinos. Por otro lado, Ahura Mazda, el sabio señor, soberano del cosmos en la religión de Zoroastro, era representado en Persia levantando su mano derecha en un gesto de poder. También tenemos referencias bíblicas de esta posición: "Tuyo es el brazo y su bravura, poderosa tu mano, sublime tu derecha levantada (Salmo 89, 14). La mano elevada de Dios en el Medio Oriente representa poder, fuerza, omnipotencia.

El gesto se extendió a Occidente y fue usado por los antiguos griegos, pero pronto cayó en desuso hasta ser recuperado por el cristianismo primitivo. Debido a este signo, a Cristo se le reconoce como monarca todopoderoso del universo entero, legislador supremo. El signo evolucionó en el cristianismo para significar también la transmisión de la ley. En el siglo III d.C., la Roma decadente, que diviniza a sus emperadores, se apropia de esta mano todopoderosa o *magna manus* para representar a sus jefes de estado.

80

Por otros caminos este signo llega a la India, y con el nombre de *abhayamudra* se convierte en el emblema de Vishnú. Recostado sobre la serpiente del mundo (Ananta) Vishnú descansa en el intervalo entre dos mundos. De su ombligo crece un loto sobre el cual se sienta Brahma y una de sus manos sostiene el mazo de la destrucción. Creación y destrucción, funciones de Brahma y Shiva en la trinidad, las representa Vishnú, protector del universo, cuya mano derecha levantada indica su función.

Asimismo Shiva Nataraja, el danzante cósmico, al bailar la *Anandatandava,* danza de la bienaventuranza, crea y destruye al mundo al ritmo de la música de tambor (alternando silencio y sonido) y preserva el juego cósmico en su mano derecha levantada y mostrando la palma.

El mudra aparece en el arte budista Gandhara pero sin precisar un significado; inicialmente indica la predicación de la ley. Sakyamuni, después de la iluminación, decide comunicar lo que ha descubierto y se dirige al Parque de los Venados de Benares, donde dio su primer sermón a los cinco compañeros que estuvieron con él en los últimos pasos de su búsqueda. Se dice que ese día Buda levantó su mano derecha, transmitió la verdad y echó a andar la rueda del *dharma.*

En posteriores reflexiones acerca del budismo, el *abhayamudra* recuerda otro pasaje de la vida de Buda. El malévolo Devadatta, deseando dañar a su primo, emborrachó a un elefante y lo encaminó para que en su furia inconciente atropellara al pacífico iluminado. Cuando el animal se le acercaba, Sakyamuni alzó su mano derecha y este sólo gesto detuvo y subyugó al elefante. En este pasaje, la benevolencia budista triunfa sobre el mal por la fuerza interna.

Etimológicamente *abhaya* quiere decir ausencia de temor. *A* es un prefijo privativo y *bhaya* significa temor, terror, alarma, daño. Al respecto se cuenta que un ladrón en una *stupa* depuso sus malignas intenciones al detenerse ante la imagen de Buda. El criminal se preguntó por qué el artista había representado a Buda con la mano derecha en alto, y él mismo respondió desde su propia experiencia: "Esto es así porque quienes tienen miedo, cuando ven su imagen se libran del temor". Con el *Abhayamudra* el ladrón se reformó, pues su maldad sólo era expresión de su miedo.

Así, la mano levantada simboliza una protección que los dioses otorgan (como Vishnú o Shiva), revela el poder de quien lo hace (como Ahura Mazda o Yahvé) y es el signo de la fuerza espiritual que vence al mal (como Sakyamuni ante el elefante). Por eso el hombre a quien un ser divino bendice con este mudra recibe un regalo de confianza, la joya de una vida sin temor, que inspira el reposo de la mente y libera del dolor.

En el tantrismo budista se dice que cuando Buda hace el *abhayamudra* expresa su divina benevolencia otorgando las Cuatro Confianzas que proceden de su iluminación y las Seis Confianzas que proceden de seguir el camino del *dharma.* Las Cuatro Confianzas son:

1. La confianza que procede de la omnisciencia.

2. La confianza que procede de la destrucción total de la ilusión

3. La confianza que procede de la eliminación de las dudas y los obstáculos.

4. La confianza que viene de saber que el dolor puede cesar.

Las Seis Confianzas son los actos virtuosos que permiten al hombre obtener la salvación:

1. La confianza del bien. El hombre obtiene paz cuando está dispuesto a seguir un código moral.

2. La confianza del cuerpo. Meditando en la impureza del cuerpo uno logra rechazar el apego para experimentar el verdadero Ser.

3. La confianza del no ser. Meditando en la naturaleza no condicionada del corazón, uno puede librarse del apego por su ser.

4. La confianza del *dharma.* Por medio de la meditación en el *dharma* se logra entender la no existencia independiente de cada forma fenoménica.

5. La confianza del inegoísmo del *dharma.* Comprendiendo que cada forma fenoménica es sólo un aspecto del Ser único, es posible tener fe y lograr éxito para controlar el propio corazón.

6. La confianza de la identidad de todos los *dharmas*. La fe percibe parcialmente los múltiples aspectos del corazón *bodhi,* que es inmaculado e inefable.

En el texto budista japonés *Si-do-in dzou* se considera que el temor es innato, no sólo en el hombre sino en todo lo que existe. Aves, animales, cualquier ser teme desaparecer por la acción de otro ser y no existe un instante sin temor. Éste es el estado llamado "el mundo lleno con miedo y pavor". Si analizamos nuestra vida humana, detrás de las alegrías y placeres que experimentamos existe al mismo tiempo un sentimiento de temor, porque ninguna felicidad terrenal es perfecta. Desde el punto de vista budista, sólo siguiendo el camino del *dharma* se puede acceder a un estado que trascienda la alegría y la tristeza, el placer y el dolor, éste es "el mundo de Buda, libre de temor".

El *abhayamudra* no es sólo el gesto de "no temas", es la gracia de la seguridad espiritual. Otorga intrepidez, coraje y audacia. Así como protegió a Buda contra el elefante, protege al creyente contra los asaltos del mal y así como comunica la bendición de la Verdad, quien la recibe camina con paso firme hacia la realización.

VITARKAMUDRA

Yo y mi padre somos Uno
Jesús.

sánscrito: *jñanamudra, vitarkamudra, vyakhyana-mudra.*
japonés: *an i in.*
chino: *an wei yin.*

La mano, generalmente la derecha, está levantada con la palma hacia afuera, los dedos extendidos, con excepción del pulgar,
que toca la yema del dedo índice flexionado.

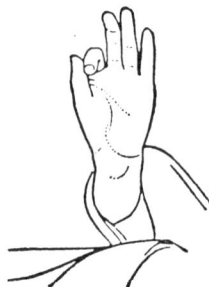

El *vitarkamudra* parece confirmar la teoría de que los mudras
surgieron de posiciones naturales de las manos, pues unir el pulgar
y el índice sirve para reforzar un argumento durante el discurso:
hablamos y puntualizamos mediante este gesto. En el teatro grie-
go, al actor se le identificaba tanto por su máscara como por esta
posición de la mano. En la India el hombre común hace mecánica-
mente este gesto durante la conversación.

En la tradición artística cristiana, así como en la budista, se considera que cuando la figura representada lleva un pergamino en la
mano izquierda éste representa la doctrina, mientras que el gesto
de la mano derecha expresa la puesta en práctica de la enseñanza
escrita. Así, la bendición latina, con el signo de la cruz formado
con el índice y el pulgar, parece derivar del primitivo gesto cristiano que acompaña al discurso. La mano de Cristo no sólo bendice,
también orienta, conduce, enseña. El arte cristiano medieval utiliza este gesto discursivo para subrayar la autoridad del dogma. El
arte budista también hace lo mismo, pues este signo sirve para representar la divina autoridad del *dharma.*

Vitarka significa discusión y *vyakhyana* exposición detallada o
explicación. El nombre indica que se trata de un mudra "discursivo".

En Japón se le llama *Seppo no in,* "el mudra de la expresión de la Ley", la explicación de la doctrina, es decir, que mediante este mudra Buda explica el *dharma.* Por consiguiente, el mudra que indica que se echa a andar la rueda del *dharma, dharmachakramudra,* se hace con el *vitarkamudra* realizado por las dos manos.

El pulgar y el índice se unen formando un círculo, símbolo de la perfección, de lo sin comienzo ni fin. Así, en el budismo el índice es la ley de Buda, que es perfecta y eterna. El mudra recuerda la rueda, que representa la predicación de la Ley. En el Tibet el círculo formado por los dedos distingue a los iluminados.

En el Vajrayana el círculo de perfección alude a la puesta en práctica de la sabiduría de Buda y el poder que le otorga. En la mano derecha de la sabiduría se une el pulgar, signo de la meditación, con el índice, que corresponde al aire y simboliza los esfuerzos de Buda; en la mano izquierda de la concentración se une el pulgar, que identifica la inteligencia superior, con el índice, el poder de Buda. Así, la realización de este mudra con ambas manos habla del esfuerzo meditativo y el poder que la inteligencia iluminada otorga al hombre.

En la interpretación hindú de este mudra, el pulgar representa al *lingam,* la forma divina por excelencia, manifestación de lo Absoluto; por su parte, el índice, utilizado para señalar las cosas, separando y distinguiendo, es el *jiva,* la personalidad individual. Los otros tres dedos significan las tres cualidades del mundo material: *satvas,* pureza, es el dedo medio; *rajas,* acción, el anular; *tamas,* inercia, el meñique. Al unir el pulgar y el índice se hace patente que el individuo trasciende la materia para unirse a Dios; por este motivo se llama *jñanamudra,* el gesto de la sabiduría, porque la sabiduría consiste en la fusión de lo singular con lo universal.

En varias escuelas de meditación se lleva a cabo este mudra con ambas manos, acomodándolas sobre las rodillas. Se recomienda para tranquilizar la mente, pues la energía que fluye por el cuerpo al concentrar la mente no se desperdicia al cerrar el circuito uniendo las yemas de los dedos. Absorto en sí mismo, el meditador se fortalece y logra el apaciguamiento.

En el Japón también se llama a este mudra el del Apaciguamiento, *An i in.* Es el mudra que tranquiliza y reúne. El budismo
chino y japonés insisten en el carácter protector de este mudra que
otorga consuelo. El Buda Amitaba lo hace indicando que reúne
bajo su mano a todos los seres, protegiéndolos con su luz, que les
otorga la salvación y no los abandona.

AÑJALIMUDRA

Yo saludo al bendito, al santo, al iluminado.
Me refugio en Buda, me refugio en la rectitud,
me refugio en la comunidad.

Profesión de fe budista.

sánscrito: *añjalimudra* o *vajraañjalikarmamudra*
japonés: *kongo gassho*
chino: *chin kang ho chang*

Se forma uniendo las palmas con los dedos
levantados verticalmente al nivel del pecho;
los brazos se colocan ligeramente hacia adelante. Una variante entrelaza las puntas de
los dedos y coloca el pulgar derecho sobre
el izquierdo.

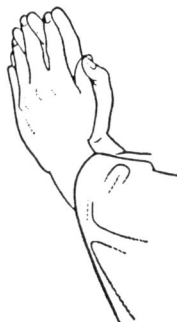

El *añjalimudra* es quizá el más antiguo de todos los mudras; al
menos es el primero representado en el arte prehistórico de la India. Las manos unidas son señal de saludo respetuoso en la cultura
hindú, equivalente al estrechar las manos de la tradición occiden-
tal. Constituye un gesto de ofrecimiento, adoración y saludo, que
implica reconocer en quien se saluda una forma de la divinidad.
Cuando saludamos uniendo nuestra mano derecha a la de la otra
persona aceptamos nuestra condición de igualdad y la unidad
interna, emotiva, que existe entre nosotros; en cambio, cuando unimos nuestras dos manos frente a una persona le demostramos
respeto, reconocemos su grandeza, su divinidad inherente.

En la danza tradicional, el bailarín hindú concluye su actuación
con este mudra, ofreciendo su trabajo al público. El actor reconoce
así que el espectador es divino y a él se ofrece la función. Una
forma de entender el mundo, para la filosofía hindú, es ver la vida
como un drama divino: Dios es actor, autor y espectador.

87

Las dos manos unidas aluden también a los cinco sentidos y a los cinco órganos de acción: vista, oído, olfato, gusto y tacto y ojos, oídos, nariz, boca y manos; todos ellos nos atan al mundo objetivo. La mente, que dirige estos diez canales de comunicación con nuestro medio, termina siendo esclava de ellos; siguiéndolos en una carrera loca que nos deja vacíos y nos aleja de nuestro verdadero hogar, el corazón que está en el interior.

Controlar los sentidos es fundamental para destruir la enfermedad que padecemos: la ignorancia. La mente debe mantener bajo control sus propias actividades, el flujo caótico de los pensamientos que produce preocupación y ansiedad. El sol de nuestra inteligencia superior debe eclipsar a la mente para que la sabiduría, *jñana,* pueda brillar. Unir las palmas indica el alborear de esta sabiduría, que no es sino vivir el secreto de mirar hacia el interior, y disfrutar la luz que ilumina el corazón. El *añjalimudra* conlleva una actitud profundamente devocional y nos da la llave que abre el reino de los cielos: vivir hacia dentro.

En el budismo, el *añjalimudra* se utiliza como reverencia a las divinidades y se acompaña de plegarias. Cuando las manos se colocan bajo los labios rinden homenaje a las palabras emitidas, honrando a Buda y a la Ley. La unión de las manos sugiere la coexistencia del mundo de diamante y el mundo de materia. Los dos mundos son en realidad los dos aspectos de una misma vida cósmica y representan la acción recíproca de lo material y lo espiritual, lo estático y lo dinámico. El mundo de diamante es eterno, indestructible, estático; simboliza el mundo de las ideas y representa lo firme, útil, la verdad indestructible y el conocimiento superior; el mundo de materia es perecedero, fenoménico. La unión de ambas manos explica que hay un lazo que une a Buda con los seres y que existe una posibilidad de salvación.

El *añjalimudra* representa la unidad fundamental que existe entre los dos mundos, es la expresión manual del principio esotérico de la Dualidad no dual. Las dos manos se juntan y forman una unidad. En el zen, este gesto remite a la contemplación interior que conduce al adepto a experimentar la Unidad, concentrándose en el corazón, percibiendo la naturaleza como única y transformándose en Buda.

La variante que entrelaza las yemas de los dedos se interpreta como una alusión a las diez perfecciones. Las primeras son: conocimiento, significado, voto, poder, sabiduría, caridad, disciplina, paciencia, esfuerzo y contemplación. El meñique izquierdo del conocimiento de los principios morales se une al derecho, que representa la caridad, pues es el amor el que vivifica la rectitud; el anular izquierdo del significado se toca con el derecho de la disciplina: cada regla del camino espiritual tiene un sentido que debe ser descubierto por el practicante, las leyes no son algo externo que se impone sino que provienen del corazón; el dedo medio izquierdo del voto está en contacto con el derecho, que es la paciencia. Se considera que la paciencia es la fuerza que permite controlar los deseos y hace posible el cumplimiento de los votos que conducen a la total realización de las enseñanzas de Buda; el poder, representado por el índice izquierdo, se enlaza al esfuerzo, que simboliza el índice derecho, puesto que es el esfuerzo continuo por alcanzar la realización lo que otorga el poder espiritual necesario para lograrlo; finalmente, el pulgar izquierdo de la sabiduría unido al pulgar derecho de la contemplación manifiesta que la meditación, la contemplación del Ser interno, es la vía que conduce a la sabiduría suprema, a la iluminación.

El *añjalimudra* es el gesto de la oración por excelencia y por ello se utiliza para formular la profesión de fe budista: *Budham Saranam Gachami, Dharman Saranam Gachami, Sangham Saranam Gachami.* En Birmania, la comunidad búdica se reúne para la oración realizando este mudra y unida por un cordón blanco que corre entre el pulgar y el índice de todos los fieles. En el arte budista no aparece en las representaciones de Buda, pues no corresponde al Supremo Iluminado realizar un gesto de adoración, que honra un estado superior. Lo realizan los gobernantes, los santos, los *bodisatvas,* quienes rinden homenaje a Buda y su doctrina.

Una última variante separa los tres dedos medios del pulgar y el meñique representando el loto cerrado. Cuando aparece en las esculturas de la diosa japonesa Kannon indica que ella tiene el poder de abrir la flor. Esta variante también se puede ver en algunas imágenes tibetanas de Brahma, simbolizando la enseñanza de los libros sagrados y en relación con el mantra *Om mani padme hum.* *Om,* que se forma con las letras a, u y m, se refiere, de acuerdo con el budismo tibetano, a la trinidad: Buda, Dharma y Sangha; *hum* es una fórmula para ahuyentar las malas influencias; *mani* (joya) y *padme* (loto) expresan que una joya (Buda o su doctrina) ha brotado en el loto que es el mundo.

BHUMISPARSAMUDRA

Aclama a Dios la tierra entera, canta a la gloria de su nombre, ríndele el honor de su alabanza.

Salmo 66

sánscrito: *bhumisparsamudra*

japonés: *sokuchi in*

chino: *ch'u ti yin*

La mano derecha se coloca suavemente frente a la rodilla derecha con la palma hacia
dentro, extendiendo los dedos hacia abajo,
tocando o señalando el suelo (incluso po-
drían doblarse hacia dentro el meñique, el
anular y el medio, para que el índice señale
en forma aún más clara el suelo). La izquierda se puede colocar sobre el regazo. Una
variante flexiona la muñeca de manera que
la palma se mantiene paralela al suelo, como
si buscáramos aplanarlo; en este caso se
conoce como el mudra que subyuga la mon-
taña.

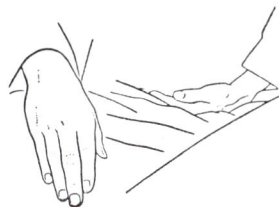

Bhumisparsa es el término sánscrito que indica que la tierra
(bhumi) es un testigo *(sparsa)*. Este mudra ilustra un momento
crucial de la vida de Sidharta: cuando se enfrenta a Mara. El buscador incansable de la iluminación había alcanzado ya un estado de
pureza y perfección por su virtud inquebrantable cuando Mara se
presenta ante él, seguido de sus huestes demoniacas, para reclamar
el trono de la iluminación. Mara clama por sus derechos poniendo
como testigos a sus tropas. Buda, solo frente a las fuerzas del mal,
señala hacia el suelo y pone como testigo a la tierra, que se levanta
haciendo temblar el cosmos para proclamar a Buda como el legíti-
mo dueño del trono de la iluminación. Así, nuestro verdadero ser,

91

puro y lleno de luz, es el auténtico soberano, y no el ego y sus tendencias negativas, quien frente a la Suprema Verdad, que la tierra testifica, se declara derrotado.

Éste es el mudra que subyuga a los demonios, el que indica la aniquilación de las fuerzas del mal. La tierra confirma que Sakyamuni ha cumplido plenamente las disciplinas y deberes de un iluminado, atestigua que su voluntad de renunciar al mundo ha sido inquebrantable. Mara, como señor de este mundo, asevera que la tierra no puede ser redimida, ni aun el suelo sobre el cual Sidharta se ha sentado a meditar, pero el *bodhisatva* aduce que sus innumerables actos de sacrificio, en sus vidas anteriores y en la presente, le han ganado el derecho de transformar ese pequeño trozo de tierra en un lugar sagrado, purificado. Las energías telúricas han sido dominadas por el esfuerzo continuo por vivir acorde con el espíritu, convirtiéndolas en un poder que contribuye a que Sidharta se transforme en Buda.

Así, el bhumisparsamudra simboliza el momento decisivo de la iluminación en el cual el bodhisatva se convierte en Buda y triunfa definitivamente sobre la oscuridad.

DHYANAMUDRA

De la falsedad condúceme a la verdad,
de la oscuridad condúceme a la luz,   de
la muerte condúceme a la inmortalidad.

Oración hindú

sánscrito: *dhyanamudra*
japonés: *jo in*
chino: *ting yin*

Las manos descansan sobre el regazo, una sobre la otra con las palmas arriba. Las yemas de los pulgares se tocan suavemente o se levantan para formar una especie de triángulo.

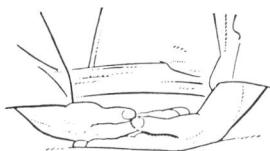

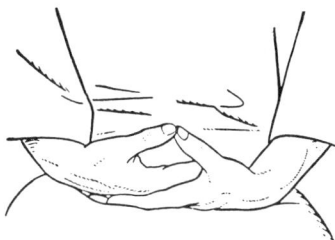

Dhyana es la palabra sánscrita que se traduce como meditación. El mundo de lo múltiple, con nombres y formas, tiene un sustrato básico: el poder universal, único. Esta esencia única del cosmos está aquí, frente a nuestros ojos, pero no la percibimos porque la mente se mueve en tangentes todo el tiempo, tocando apenas la periferia, sin llegar al punto central; *dhyana* es el proceso mediante el cual la enseñamos a adquirir concentración.

Sai Baba dice que como resultado de la meditación la mente se aleja de los objetos y el mundo sensorial. Esa retracción de los sentidos debe ser aprovechada por el intelecto para que conduzca a la mente hacia la comprensión de la base fundamental del universo. "Cuando esta verdad básica se llegue a conocer —continúa Sai

93

Baba— la mente ya no se engañará con lo pasajero, lo falso y la desventura, sino que, por el contrario, dará la bienvenida a la alegría, la felicidad y la verdad..."

En Japón este mudra se llama *Jo in,* que quiere decir mudra de la concentración. La concentración recta es uno de los pasos del sendero óctuple budista que conduce a la liberación. Concentración entendida como una abstracción de la mente en el ser, dando como resultado un vacío mental y la pérdida de conciencia del cuerpo, de forma que puede lograrse la fusión en el Ser. Su equivalente es el concepto hindú del *samadhi:* la absorción total del pensamiento mediante la contemplación ininterrumpida de un objeto de meditación; esto permite romper los lazos que nos atan al mundo fenoménico y lograr la identificación con la Suprema Unidad. El *dhyanamudra* sella el logro del *samadhi,* simboliza el éxtasis de la conciencia, la supresión de todos los estados de conciencia alcanzando, finalmente, la concentración total en la verdad.

Samadhi es ignorar la forma y experimentar el significado. Esto es, puesto que la meditación parte de un objeto (una imagen, un mantra) se trasciende su forma y se vive el sentido interno. Al llegar al *samadhi* la persona se olvida de sí misma y del hecho de que está meditando, fundiéndose con su objeto de meditación. El ego, la máscara, se disuelve, el meditador y el objeto de meditación son indistintos, ni la meditación misma existe, sólo se es.

Las manos puestas una sobre la otra, con la suavidad de un roce delicado de las yemas de los pulgares, es la constatación física de que existe una armonía cósmica en la cual todo es Uno y no hay dualidad. Por eso el *dhyanamudra* alude a la consecución del *samadhi.* Según la tradición, Buda colocó sus manos en el regazo haciendo el *dhyanamudra* cuando logró la iluminación debajo del árbol *bodhi.* En esta posición lo atacó Mara; sólo movió su mano derecha para tocar la tierra derrotando al demonio y volvió a asumir el *dhyanamudra.* Por ello el mudra recuerda la meditación suprema del Buda histórico e indica la ecuanimidad y superioridad espiritual.

En el esoterismo budista el mudra significa la total renunciación de Buda y su evasión de la cadena de las causalidades. Buda emprendió su búsqueda para liberarse de la rueda de nacimiento y muerte y mediante *dhyana* alcanzó su meta final, el *nirvana*. Atravesó el océano de la vida, enmedio de la tormenta del deseo y azotado por las olas de la ignorancia, utilizando la barca de *dhyana,* la concentración extática que lo llevó a puerto seguro: la extinción, del sí mismo en la inmensidad del Sí mismo.

La mano derecha (el mundo de Buda) y la mano izquierda (todos los seres) al unirse, derecha sobre izquierda, no sólo indican la soberanía del mundo espiritual sobre el fenoménico sino también que son uno. En la perspectiva dualista de todos los días existe un mundo superior, espiritual, pero desde la iluminada perspectiva de la unidad todo es uno, sin alto ni bajo.

En algunas variantes de este mudra los pulgares se unen formando un triángulo. Como sabemos, el mudra es una síntesis del *asana,* y en este caso el triángulo formado por el cuerpo en *padmasana* se repite en el *dhyanamudra.* En *padmasana,* o postura del loto, las piernas entrecruzadas son la base del triángulo cuyo vértice es la coronilla. Uno de los significados del triángulo, para ciertas sectas tántricas, es el del *yoni,* la matriz-fuente de todas las cosas; siguiendo esta interpretación, la postura y el mudra triangulares suponen una actitud "femenina", "receptiva", "material". En este sentido, lo Absoluto, representado por el *lingam,* fecunda al meditador: lo masculino se une a lo femenino, lo espiritual encarna en lo material. El *padmasana* y el *dhyanamudra* se realizan plenamente cuando el practicante logra la Unidad.

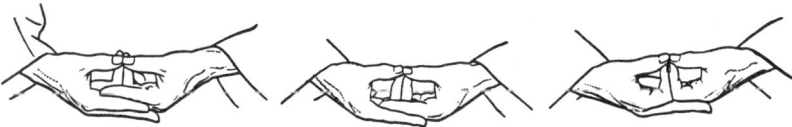

DHARMACHAKRAMUDRA

Abandonar todo mal, cultivar el bien,
purificar la mente: ésta es la enseñanza
del Iluminado .

japonés: *temborin in*

chino: *chuan fa lun yin.*

La mano derecha, colocada a la altura del
pecho, se muestra con la palma hacia
afuera uniéndose el índice y el pulgar,
formando un círculo que se toca con otro
círculo que se hace con el índice y el pulgar
de la mano izquierda, cuya palma mira
hacia dentro.

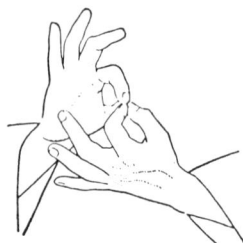

La rueda, *chakra* en sánscrito, es un símbolo indoeuropeo muy
antiguo que se asocia con el sol. El sol es la luz que aparece destru-
yendo la oscuridad, disolviendo la mentira y el error: es un emblema de la sabiduría que vence a *maya*, la ilusión. Por eso la rueda
alude al conocimiento espiritual y a su práctica: el *dharma*.

Dharma es una palabra sánscrita rica en significados. *Dharma*
es conducta recta, ley, orden, y se entiende como vida espiritual o
religión. *Dharma* se refiere al deber religioso, pero no simplemente el deber religioso como se considera en Occidente excluyendo
la libertad de la religiosidad, sino un deber asumido a través de la
razón, convirtiendo la acción religiosa en un acto de voluntad. El
dharma es el curso correcto de la vida, que se encuentra en armonía con el cosmos, su fuente es la verdad y el amor en el corazón.

Precisamente el tema principal del *Bhagavad Gita*, síntesis y
culminación de la espiritualidad hindú, es el *dharma*. El Señor del
yoga, Krishna, resume el *dharma*, palabra inicial de esta obra capi-
tal. La finalidad de la enseñanza en el *Gita* es: "Recuerda el *dharma*,
practica el *dharma*". El *dharma* que Krishna invita a cumplir no

96

consiste sólo en las reglas morales, que funcionan sólo en un contexto histórico y social determinado; él quiere que le sean ofrendados todos los actos, grandes y pequeños. Él realiza "nuestros" actos, recibe el fruto de "nuestras" acciones. Si pudiéramos vivir acordes con esta verdad, eso sería *dharma;* en ese momento nos convertiríamos en una parte del cuerpo de Dios, viviríamos en él y con él. Vivir el *dharma* es ser el instrumento que Dios ejecuta a su albedrío, es hacer de nuestra vida un canto, el canto del Señor.

El *dharma* es, así, la vida apegada a la Divinidad, su ley y su amor, la vida iluminada que se representa con el sol y también con la rueda. El *dharmachakramudra* nos presenta en realidad dos ruedas unidas. La primera, formada en la mano derecha, es la rueda del *dharma.* La otra, en la mano izquierda es la rueda del *karma.*

La rueda indica movimiento y se identifica con el curso del sol. Así, representa la revolución anual del astro y en este sentido es el tiempo. Dentro del dominio del tiempo, la acción, el *karma,* es inevitable; ésa es la otra revelación de Krishna a Arjuna en el *Gita:* "En realidad el hombre ha venido a este campo de actividad sólo para dedicarse a la actividad y no para ganar el fruto de ella".

Así como la flor se transforma en fruto, la acción produce consecuencias; por ende, cuando el individuo aparece en este reino del tiempo y la acción corre el peligro de quedar encadenado a este continuo girar de nacimiento y muerte, de alegría y dolor. Sin embargo, la prisión del *karma* se debe sólo a un engaño de la mente: creer que el individuo es el hacedor. Precisamente porque nos identificamos con este cuerpo y esta mente nos consideramos los que actuamos en el mundo. El *dharmachakramudra* nos ilumina para salir de esa ilusión: la rueda del *karma* toca y mira hacia la rueda del *dharma.* Lo que tiene que aprenderse es el arte de desarrollar actividades sin involucrarse en ellas. El *karma,* dice Sai Baba, se tiene que desempeñar porque es parte de nuestra naturaleza, no es resultado de un impulso externo. ¿Por qué forzar nuestra mente a correr cuando las piernas se pueden mover libremente y hacer lo suyo? La naturaleza del sol es iluminar y dar calor; ¿sufre por ello?, ¿se cansa? El hombre debe actuar, nunca podrá dejar de hacerlo;

pues bien, debe hacerlo en la forma apropiada, siguiendo su propia naturaleza, la rueda del *karma* es, entonces, la rueda del *dharma:* "El deber de uno es actuar, actuar bien, actuar con amor, seguir actuando".

El *dharmachakramudra* adquiere en el budismo una especial relevancia, puesto que la rueda es el emblema de este sendero. Sidharta descubrió que todo era sufrimiento, en una rueda continua en la cual se alternaban todos los opuestos: la alegría implicaba dolor, la juventud suponía la vejez, la salud concluía en la enfermedad, el nacimiento conducía a la muerte. Vamos de nacimiento en nacimiento o, lo que es lo mismo, de muerte en muerte. ¿Cómo acabar este destino circular e interminable? Tras haberse iluminado, Sidharta tenía la respuesta: si todo era sufrimiento era por el deseo, había entonces que destruir los deseos, y para lograr esto último era necesario seguir el Noble Sendero Óctuple: 1. comprensión recta; 2. pensamiento recto; 3. palabra recta; 4. acción recta; 5. forma de vida recta; 6. esfuerzo recto; 7. atención recta, 8. concentración recta. Los ocho miembros del Sendero son los rayos de una rueda: la rueda del *dharma* que conduce el carruaje humano hacia la iluminación.

Buda es, por ello, el *chakravartin,* "el que pone en movimiento la rueda", el soberano que hace girar el cosmos. Es el centro de la rueda. En la metafísica budista la rueda posee dimensiones indefinidas, pues su radio es variable. La distancia entre el centro y la periferia es la misma que existe entre el Yo y el no Yo, la que hay entre el Ser y el no Ser, entre la esencia y la sustancia. Según sea la perspectiva, la distancia puede ser enorme o ninguna. La adquisición de una personalidad, de una conciencia egótica, implica un movimiento expansivo del círculo, mientras que el proceso de iluminación supone una contracción hacia el punto central. Cuando Sidharta alcanzó el *nirvana* se convirtió en el eje mismo de la rueda. Por eso es simbolizado por la rueda misma como el soberano universal y su primer sermón, en el Parque de los Venados de Benares, se considera el momento crucial en el cual echó a andar la rueda del *dharma.*

El *dharmachakramudra* permite reconocer la omnipotencia y soberanía de Buda. Según el esoterismo budista, las dos ruedas unidas revelan la unidad del mundo espiritual y el mundo material. Significa también el fin de los males para la humanidad, así como la constante expansión de la doctrina budista que va alcanzando a todos los seres, es la repetición incesante de los principios fundamentales del budismo y hacer este mudra sustituye cualquier sermón, pues "ninguna predicación es más perfecta que el *dharma*".

VAJRAMUDRA

sánscrito: *vajramudra, bodisrimudra.*
japonés: *chi Kenin.*
chino: *chih ch'dan yin.*

El pulgar derecho se dobla hacia la palma derecha quedando envuelto por los otros dedos. La mano izquierda se coloca al nivel del ombligo, con la palma vuelta hacia la derecha; sólo el índice se alza, mientras los otros dedos quedan doblados, la punta del índice se introduce en el puño formado por la mano derecha.

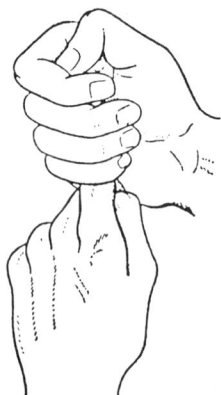

Vajra significa diamante, la piedra preciosa de matices luminosos; también es rayo, trueno y relámpago, sonido y luz que manifiestan la fuerza celeste; es un símbolo del Absoluto, lo indestructible. En la iconografía religiosa budista es un cetro, distintivo de autoridad y conocimiento, y así es como lo utiliza el Dalai Lama.

El *vajra* es un símbolo religioso muy extendido que identifica a las deidades celestes, como Zeus, quien desde el cielo castiga a los hombres con el poder del rayo que Hefestos fabrica en el interior de las montañas. También Indra, del panteón hindú, tiene al relámpago como arma distintiva, con él este dios de la tormenta y la luz destruye a sus enemigos. Muchas divinidades protohistóricas del Medio Oriente se representan con un cetro tridente que representa la iluminación.

El *vajra* es la verdad imperecedera y el conocimiento que elimina todas las pasiones que nos atan al mundo. Es el emblema del poder victorioso del conocimiento sobre la ilusión y las influencias negativas. La fuerza de este signo lo convierte en distintivo de la soberanía. El *vajra* representa el Absoluto, el *dharma* y la iluminación, pues el Absoluto es indestructible, inmóvil, impenetrable como el diamante.

Considerando el significado profundo del diamante, éste es el mudra del conocimiento que lleva a la iluminación.

Según el tantrismo budista, el *vajramudra* enfatiza la propagación de la Ley y su conocimiento. Este conocimiento es una fuerza intelectual que permite a todos los seres alcanzar la iluminación. Con este mudra y la comprensión de su significado el hombre penetra en el reino de la paz, obtiene la concentración y comprende la realidad.

La mano izquierda en el papel del mundo viviente está cubierta y protegida por la mano del mundo de Buda. En la derecha los dedos indican los cinco elementos que componen al hombre: tierra (meñique), fuego (anular), agua (medio), aire (índice), éter (pulgar). También son los órganos de los sentidos, entendidos como punto de partida del conocimiento. Se dice que nuestros sentidos no se nos otorgan para desaprovecharlos en la búsqueda del placer, sino para absorberlos en la visión de lo Divino: los ojos para descubrir la presencia de Dios en la naturaleza y los hombres que nos rodean; los oídos para escuchar las enseñanzas espirituales; la nariz para experimentar la unidad con cada aliento; la lengua para pronunciar la verdad y las manos para servir a Dios. Concentrados nuestros órganos en el camino del espíritu, la mente, el sexto órgano, se purifica y puede iluminarse con la presencia ininterrumpida de Dios. La mente se indica en el *vajramudra* por el índice de la mano izquierda encerrado en la derecha y representa la llama simbólica del Buda primordial (Adhi Buda), una partícula de su esencia. Así, el *vajramudra* es considerado el Gesto de los Seis Elementos: los cinco que conforman al hombre más el sexto, que es de la naturaleza de Buda.

Las dos manos simbolizan de nuevo los dos mundos inseparables: el de la naturaleza y el de Buda, cuyo lazo de unión es el dedo de diamante.

En el culto a Shakti, sobre todo en el Tibet, el *vajramudra* tiene un carácter sexual. El misticismo erótico otorga a la sexualidad carácter espiritual; el plano físico queda envuelto en el plano espiritual y así la pasión y el deseo, que nos atan al mundo de lo ilusorio, se transforman en la unión mística de Dios y la naturaleza, el verdadero matrimonio que se efectúa en el corazón.

En el *vajramudra* la mano izquierda ocupa el lugar del principio masculino uniéndose al principio femenino, encarnado por la mano derecha. Ambos son divinos y así, la suprema deidad se integra a sí misma.

La divinidad masculina se expresa en *karuna,* la compasión, y la divinidad femenina en *prajña,* el conocimiento perfecto. La intuición de la verdad conduce a la liberación, pero es inútil si no se une con la fuerza activa de la compasión, que lleva al sacrificio por amor a los que no han logrado aún ver lo que uno ha visto. Éste es el momento culminante del budismo: la renuncia de Buda a absorberse en la luz en aras del servicio al hombre.

En el *vajramudra* las manos nos revelan la última verdad; la iluminación, que es la visión de la Unidad, se convierte en la entrega a la Divinidad en el servicio a la creación entera.

VI

MUDRAS
EN LA SALUD

1. SALUD, PSICOFISIOLOGÍA Y MUDRAS

UANDO Sidharta, rodeado de manjares y buena música, decidió salir de su palacio y conocer el mundo, descubrió la vejez, la enfermedad y la muerte, llegando a la conclusión de que su salud y juventud eran de sólo un instante en este mundo en el cual todo es sufrimiento. El futuro Buda abandonó su familia y sus comodidades para buscar el remedio al dolor.

Diversas teologías y filosofías se han esforzado por dar una explicación de la enfermedad. Ese fantasma que nos atemoriza se asocia, en la tradición cristiana, con el pecado: "¿Está alguno enfermo? Haga llamar a los presbíteros de la Iglesia y oren sobre él, ungiéndolo con óleo en el nombre del Señor. La oración de la fe salvará al enfermo y el Señor lo hará levantarse; y si hubiese cometido pecados, habrá perdón para él" (Epístola de Santiago, 5, 14-16).

La enfermedad surge por un desequilibrio, un rompimiento del orden universal, una falta de respeto a las leyes del cosmos. ¿Cómo podemos esperar salud si llenamos los ríos de desperdicios? ¿Es posible salvarse de la enfermedad si nos alimentamos de carroña? "Hoy —dice Sai Baba— los hospitales están llenos, la humanidad está enferma, presa de la codicia, la envidia, el orgullo, la ira...". La mala salud es producto de un desequilibrio interno, de una conducta errónea, de una vida cegada por el deseo.

El rito cristiano de la unción de los enfermos consiste básicamente en untar aceite consagrado en los párpados, orejas, nariz, boca, manos y pies, diciendo: "Por esta santa unción y por su bondadosa misericordia te perdone el Señor todos los pecados que has cometido con la vista (el oído, el olfato, el gusto, la palabra, el tacto, los malos pasos)".

Los sentidos, de acuerdo con la filosofía hindú, son los corceles de la mente; cuando desbocados dejamos que la mente vague, ellos nos arrastran al barranco de la ilusión, perdemos el control de nuestras emociones y pensamientos y con ello la salud.

En realidad son nuestros estados mentales los que determinan nuestro estado físico. Si la mente está en expansión, contenta y feliz, seguramente gozaremos de salud; pero si, por el contrario, se estrecha y estamos insatisfechos e infelices, seremos presa de la enfermedad. "Las raíces de la enfermedad —dice el doctor Sergio de la Barrera— están en las profundidades de la naturaleza mental y emocional del hombre".

De acuerdo con la psicofisiología hindú, el ser humano está formado por cinco "envolturas" llamadas *koshas.* En el Upanishad Taitiriya se explica que estas envolturas pueden agruparse en tres "cuerpos". *Anamaya kosha* es la envoltura del alimento, la manifestación física del ser y corresponde al cuerpo material, que sufre cambios hasta declinar y morir. El cuerpo sutil, que constituye el carácter del individuo, está integrado por tres envolturas: *pranamaya kosha,* envoltura del aliento vital, *manomaya kosha,* envoltura de la mente y *vijñanamaya kosha,* envoltura del intelecto (la sabiduría). El cuerpo causal corresponde a la última: *anandamaya kosha,* envoltura de la bienaventuranza.

Las envolturas cubren la esencia invisible, el ser. Desde la envoltura física externa hasta la envoltura espiritual interna no son mas que ropajes que cubren y revelan el esplendor puro del Espíritu. La salud se manifiesta cuando estas envolturas se mantienen puras, transparentes a la vida que palpita en ellas y es su razón de ser.

¿Cómo podemos purificar las *koshas* y mantener la salud? La *annamaya kosha* por medio de alimentos naturales, frescos (semillas, yogur, frutas), que hayan sido obtenidos por medios morales y preparados con amor. *Pranamaya kosha* mediante aire puro, con una respiración pausada y rítmica que mantenga en calma las emociones. *Manomaya kosha* se purifica con pensamientos y emociones libres del apego a los sentidos. *Vijñanamaya kosha* debe orientarse a la contemplación de la Realidad, es decir, desechar lo falso y pasajero para ver lo verdadero y permanente. *Anandamaya kosha,* por lo tanto, podrá ser una inmersión en la bienaventuranza que produce el Ser.

Basados en esta teoría, la salud depende de lo que comemos, lo que respiramos y lo que captamos a través de los sentidos, de manera que nuestro equilibrio mental y físico depende de retomar una vida natural, moral, y aún más, una vida espiritual. "Enfermamos —dice el doctor Lezaeta— no por obra o fuerza extraña sino por nuestros propios errores de vida".

Los mudras, hemos dicho ya, son un recurso para ayudar al organismo y a la mente a armonizarse con el orden cósmico. Cuando nuestras manos se colocan una sobre la otra con los pulgares unidos se cierra un circuito, el sistema nervioso se relaja y recupera energía. Si a eso añadimos la actitud de renuncia que ese mudra significa y esa actitud la llevamos a nuestra vida cotidiana, seguramente recuperaremos la paz y con ello la salud.

2. MEDICINA AYURVÉDICA Y MUDRAS

En el Atharva Veda, el cuarto de los libros sagrados de la India, son llevadas a la vida diaria las profundas verdades espirituales y los rituales mencionados en los primeros, pues en este Veda se trata del cuidado de los hijos, la familia, los ancianos. Aquí también se prescriben algunas técnicas curativas.

Entre rituales mágicos y fórmulas para expulsar a los demonios se recomienda un gran número de hierbas, núcleo de la medicina ayurvédica. La tradición dice que fue el dios creador, Brahma, quien entregó el conocimiento del Ayurveda a Dhanvantari, dios de la medicina. Los principales tratados indios sobre medicina se remontan al siglo VIII a.C. Son el *Caraka Samhita* y el *Susruta Samhita,* atribuidos a los grandes médicos Caraka y Susruta. Los métodos terapéuticos son dietéticos y medicamentosos. La dieta es condición fundamental para la curación; se indican sólo dos comidas al día, señalándose cierto tipo de alimentos y la cantidad de agua por consumirse según la enfermedad; a esto se añaden baños y limpieza de la piel y los dientes, para purificar el cuerpo físico y disponerlo a la salud. A pesar del uso de remedios animales (leche, huevos) y minerales (sulfuro, sulfato de cobre, oro), las medicinas se obtienen principalmente de hierbas.

La medicina ayurvédica considera a la enfermedad un desequilibrio de los elementos que forman al hombre y al cosmos: tierra, agua, aire, fuego y éter. En las manos se resumen estos elementos, de manera que un mudra puede inducir equilibrio y así cooperar en la recuperación.

En su libro de metafísica, el doctor Sergio de la Barrera expone algunos de los mudras tradicionales que sirven para curar. Él nos dice, apoyado en su experiencia, que deben realizarse con ambas manos y por 45 minutos o en periodos de diez o quince minutos. Me permito mencionar seis de ellos añadiendo una explicación esotérica basada en los simbolismos que he descrito en este libro.

Apan Vayu mudra

Doblamos el índice hasta tocar la base del pulgar y a la vez la yema del pulgar se toca con las yemas de los dedos medio y anular. Este mudra sirve en caso de afecciones cardiacas.

El pulgar es, en la tradición hindú, una representación del *lingam,* que es la forma de Lo sin forma, la imagen geométrica de lo irrepresentable, la primera manifestación de lo Divino. En el budismo tántrico el pulgar es el vacío, condición fundamental para la existencia de todo. Es el éter o *akasha,* el primer elemento del que derivan todos los demás. Es, entonces, el que proporciona equilibrio y devuelve energía y vida a los otros elementos que integran el cuerpo.

El índice representa el aire, el cordial el fuego y el anular el agua, de manera que cuando el índice se coloca en la base del pulgar y en el otro extremo se colocan el medio y el anular, se establece una tensión saludable entre el aire por un lado y el fuego y el agua por el otro. Las pasiones y emociones (indicadas por el medio y el anular) deben temperarse por medio de la inteligencia (el índice).

Pran mudra

El anular y el meñique unidos tocan el pulgar, los otros dos dedos quedan levantados. Este mudra ayuda a la circulación del *prana*, la energía de la vida, proporcionando mayor vitalidad y combatiendo el cansancio y el nerviosismo. Es un mudra muy útil para sobrellevar las presiones de la vida urbana contemporánea.

La envoltura física *(annamaya)* y la envoltura emocional *(pranamaya)*, representadas por el meñique y el anular respectivamente, buscan volver a su natural bienestar y felicidad, indicados por el pulgar que significa en este caso la *anandamaya kosha*. Esto se hace ante la mente y el intelecto superior *(manomaya* y *vijñanamaya)*, los cuales guían este proceso de reintegración. De esta manera la energía fundamental revitaliza nuestro cuerpo físico y psíquico combatiendo las tensiones y el cansancio.

Una variante del *pran mudra* es el *apan mudra;* en este caso sólo el anular se une a la yema del pulgar. Con éste se recupera rápidamente la energía perdida por esfuerzos emocionales.

Prithvi mudra

Para luchar contra problemas de las vías urinarias y relacionados con la eliminación de sustancias tóxicas. Se unen los dedos cordial y anular con el pulgar; los otros permanecen levantados.

El dedo cordial y el anular indican los elementos agua y fuego respectivamente, asociados con los procesos de asimilación y eliminación del organismo, es así que, en contacto con el equilibrador pulgar, se depura todo el organismo.

Linga mudra

El pulgar derecho, símbolo del *lingam,* queda encerrado por el pulgar y el índice de la mano izquierda, mientras los demás dedos se entrecruzan. El pulgar sobresale entre los demás dedos. Es un mudra de unidad: las dos manos convertidas en una sola subrayando la preminencia del Ser. El cuerpo entero se armoniza y la energía vital fluye libremente otorgando mucho calor interno, por eso se le atribuye gran poder para contrarrestar resfriados y enfermedades de las vías respiratorias.

El intenso calor producido por este mudra ayuda a eliminar el exceso de grasa del organismo, pero para que no se convierta en un peligro para la salud al practicarse con este objetivo, es necesario consumir alimentos "fríos" (agua, yogur, cítricos).

Vayu mudra

Es el mudra del aire, pues el índice toca la base del pulgar a la vez que éste ejerce una presión sobre el índice. El índice, dijimos ya, corresponde al elemento aire, el cual recorre el cuerpo en diversas formas y cuyos trastornos afectan a múltiples órganos, produciendo reuma, gota, ciática, dolores de cuello o cabeza. Restaurar el equilibrio del aire en el organismo es el objetivo de este mudra.

Jñana mudra

Este mudra lo hemos estudiado con detalle en páginas anteriores; en él el índice y el pulgar se tocan mientras los otros tres dedos descansan suavemente. Desde el punto de vista fisiológico, nos dice el doctor de la Barrera, contribuye a mejorar la memoria, aumenta la capacidad de concentración y combate la tensión, el insomnio, la somnolencia, las depresiones y la hipertensión. De hecho parece ser el principal mudra para otorgar salud, pues puede practicarse colateralmente a los otros para solucionar alguna enfermedad en particular.

El retorno del individuo a su naturaleza divina (pulgar unido con el índice), a la vez que el equilibrio dinámico de las tres cualidades de la naturaleza (medio, anular y meñique), son la condición ideal del universo. Por eso es el mudra de la sabiduría, de la Verdad descubierta y vivida. Es el mudra de la meditación, de la inmersión de la conciencia individual en la Conciencia universal y por eso es el mudra de la Realidad, de la vida, de la salud permanente.

MUDRAS CURATIVOS

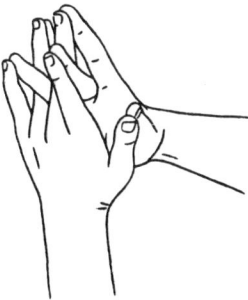

Surabhi Mudra

El meñique izquierdo se une al anular derecho a la vez que el anular izquierdo toca el meñique derecho. De la misma manera el cordial derecho toca el índice izquierdo y el índice derecho el cordial izquierdo.

Varuna Mudra

El meñique derecho oprime la base del pulgar, el cual presiona a su vez al meñique. La mano izquierda encierra ligeramente a la derecha.

Apan Vayu Mudra

La base del pulgar es presionada por la yema del índice a la vez que el pulgar se toca suavemente con los dedos medio y anular.

Pran Mudra

El anular y el meñique se colocan sobre la yema del pulgar mientras el medio y el índice se mantienen levantados.

Shunya Mudra

El dedo medio se coloca en la base del pulgar y el pulgar lo cubre suavemente.

Prithvi Mudra

El cordial y el anular se unen al pulgar permaneciendo levantados el meñique y el índice.

Apan Mudra

El anular y el pulgar se presionan suavemente.

Linga Mudra

El pulgar derecho se levanta entre el pulgar y el índice izquierdos, que lo circundan mientras los demás dedos se entrecruzan.

Jñana Mudra

Unimos suavemente el pulgar y el índice mientras los otros dedos descansan con suavidad.

Vayu Mudra

El índice toca la base del pulgar y éste a su vez presiona al índice.

Mudra del *chakra Swadisthana*

Se une el dedo meñique con el pulgar.

Mudra del *chakra Manipura*

El dorso de la mano derecha se coloca sobre la palma de la mano izquierda; se dobla el pulgar derecho hacia el meñique pero sin tocarlo, a una distancia de casi 1 cm. El pulgar izquierdo se apoya entonces en el pliegue formado por la base del pulgar derecho.

Pana Mudra

El pulgar se une con el dedo medio y el anular.

TABLA DE ENFERMEDADES
Y
MUDRAS CURATIVOS

Afecciones bronquiales	Mudra del *chakra Manipura*
Afecciones de la piel	*Apan mudra*
Agudeza visual	Mudra del *chakra Manipura*
Anemias	Mudra del *chakra Swadisthana*
Artritis	*Surabhi mudra* o *Vayu mudra*
Caída del cabello	*Apan mudra*
Cansancio	*Prana mudra* o *Apan mudra*
Capacidad digestiva	Mudra del *chakra Manipura*
Ciática	*Vayu mudra*
Deficiencias auditivas	*Shunya mudra*
Deficiencias cardiacas	*Apan Vayu mudra*
Deficiencias visuales	*Pran mudra*
Descalcificación	*Apan mudra*
Depresión	*Jñana mudra*
Dolores de cabeza	*Vayu mudra*

Dolores de cuello	*Vayu mudra*
Dolores de parto	*Prithvi mudra*
Disminución de la vitalidad	*Apan mudra*
Eliminación de toxinas	*Prithvi mudra*
Esterilidad	Mudra del *chakra Swadisthana*
Estimular funciones orgánicas	*Pran mudra*
Estreñimiento	*Prithvi mudra*
Exceso de peso	*Linga mudra*
Gota	*Vayu mudra*
Hipertensión	*Jñana mudra*
Infecciones torácicas	*Linga mudra*
Insomnio	*Jñana mudra*
Memoria	*Jñana mudra*
Mucosidad y secreciones estomacales y/o pulmonares	*Varuna mudra*
Nerviosismo	*Pran mudra*
Neurosis	*Jñana mudra*
Problemas hepáticos	*Varuna mudra*
Reumatismo	*Surabhi mudra* o *Vayu mudra*
Resfriados	*Linga mudra*
Somnolencia	*Jñana mudra*
Tensión	*Jñana mudra*
Tos	*Linga mudra*
Vértigo	*Jñana mudra*
Vías urinarias	*Prithvi mudra*

EPÍLOGO

LOS MUDRAS HOY

UANDO nos ubicamos en la caótica realidad contemporánea (campos de concentración en Bosnia, hambre y cólera en las fronteras interafricanas, niños respirando cemento por las sucias calles de las grandes urbes, desechos químicos que infestan los ríos, el hombre solitario, incomunicado, alienado) la urgencia de justicia, de paz, de amor se convierte en una imperiosa necesidad moral y espiritual: es el único recurso para poner fin al sufrimiento.

Hoy los movimientos religiosos, metafísicos, espirituales, recobran su importancia, adquieren fuerza como la única y la última respuesta ante la pregunta "¿Quién es el hombre y cuál es su destino?" La meditación, el yoga, la devoción, el estudio metafísico, contribuyen a calmar las tempestades de la mente que nos arrastra por el abismo de la desintegración de nuestra humanidad.

Tenemos mucho qué hacer, la primera tarea es recuperar al hombre, buscar en las inmensas aguas de nuestro espíritu lo que en realidad somos, la perla inmaculada de la Divinidad interior, o como queramos llamarla, a fin de cuentas es inefable y cualquier nombre es una limitación.

Aquí estamos, leyendo este libro, impulsados por la curiosidad o interesados en la meditación o preocupados por alguna enfermedad, buscando... algo. La respuesta está en nosotros mismos; este libro sobre los mudras es un pretexto, la descripción del simbolismo —signos y realidades— de los gestos manuales; pero habrá cumplido su objetivo no cuando repitamos de memoria lo que el meñique representa sino cuando unamos el índice y el pulgar para encontrar la paz o cuando al realizar el *vitarkamudra* hayamos logrado comprender la enseñanza de Buda y obtenido sabiduría. Probemos, investiguemos, realicemos. El esfuerzo por ser es la autenticidad de nuestra búsqueda espiritual.

Los mudras son una huella que las manos dejan en el espacio, garantizando un encuentro entre materia y espíritu, hombre y divinidad. Una posición de las manos es una expresión del ritmo cósmico, un diagrama que nos revela un mensaje esotérico, un principio que activa nuestras secretas potencialidades espirituales.

Los mudras tienen un valor mágico y deben realizarse con plena conciencia de su significado, así su energía no es desperdiciada por aquellos que, como aprendices de brujos, manejamos fórmulas y gestos que nos desbordan y amenazan con ahogarnos. Cada mudra debe tomarse con respeto, eso quiere decir que los practiquemos procurando imprimirlos en nuestra vida de manera que se conviertan en experiencia.

Uniendo los pulgares, una mano sobre la otra, lograremos reintegrarnos en la armonía cósmica, hundirnos en el océano de la bienaventuranza. Con el roce delicado de las yemas del índice y el pulgar separados de los otros dedos superaremos las tres cualidades del mundo material y seremos capaces de fundir nuestra individualidad en la universalidad. Colocando las palmas una contra la otra y dirigiendo este mudra hacia todo lo que nos rodea comprenderemos que en todo está presente la Divinidad, que todo es equilibrio, suave ritmo de contrarios trabajando en crear el universo. Así, viviendo cada uno de los mudras no podemos más que confiar en que Buda o Krishna o Yahvé o Jesús o Shiva levantan su mano derecha sobre nosotros otorgándonos energía, coraje y audacia para obtener la realización.

Vivamos los mudras hoy, convirtiendo nuestros gestos manuales en el sello que garantiza una vida entregada a la Verdad. Así contribuiremos a transformar el mundo, comenzando con la sencilla tarea de nuestras manos que, impulsadas por un corazón puro, buscan establecer el Reino de los Cielos. Que las manos hagan su labor y el corazón nos sirva de guía.

BIBLIOGRAFÍA

• E. Dale Saunders, *Mudra*. Un análisis erudito de todos los mudras a partir de la escultura del lejano Oriente.

• Sergio de la Barrera Castillo, *Metafísica aplicada*. Los mudras como un procedimiento curativo.

• Harvey P. Alper. *Understanding Mantras*. Ensayos de especialistas sobre los mantras; destaca: Wade T. Wheelock, "The mantra in vedic and tantric ritual", sobre la relación entre mantras, mudras y rituales tanto en la perspectiva védica como del budismo tántrico.

• Serge Raynaud de la Ferriere, *Yug, yoga, yoghismo*. Presenta el proceso yóguico, su significado y ubica a los mudras como parte de las *asanas*.

• Sathya Sai Baba, *Sadhana. El sendero interno*. Significado de la práctica espiritual y el proceso yóguico.

Mudras. Espiritualidad en las manos,
de la Serie Esoterismo y Realidad, cuarta edición,
se imprimió en enero de 2001 en los talleres
de Editora y Distribuidora Yug, Puebla 326-1,
Col. Roma, C.P. 06700, México, D. F.